公共政策评论（2023）

Public Policy Review（2023）

主　　编：姚先国　金雪军
执行主编：蔡　宁　朱芳菲

浙江大学出版社
·杭州·

图书在版编目（CIP）数据

公共政策评论. 2023 / 姚先国，金雪军主编. --
杭州：浙江大学出版社，2024.10. -- ISBN 978-7-308-
25510-3

Ⅰ. D601-53

中国国家版本馆 CIP 数据核字第 20240DL515 号

公共政策评论（2023）

GONGGONG ZHENGCE PINGLUN（2023）

主　　编　姚先国　金雪军
执行主编　蔡　宁　朱芳菲

责任编辑　陈逸行
文字编辑　韩盼颖
责任校对　梅　雪
封面设计　周　灵
出版发行　浙江大学出版社
　　　　　（杭州市天目山路 148 号　邮政编码 310007）
　　　　　（网址：http://www.zjupress.com）
排　　版　杭州星云光电图文制作有限公司
印　　刷　广东虎彩云印刷有限公司绍兴分公司
开　　本　787mm×1092mm　1/16
印　　张　12.75
字　　数　255 千
版 印 次　2024 年 10 月第 1 版　2024 年 10 月第 1 次印刷
书　　号　ISBN 978-7-308-25510-3
定　　价　78.00 元

主　编

姚先国　金雪军

执行主编

蔡　宁　朱芳菲

主编助理

符瑞桓

学术顾问委员会

（按姓氏拼音排序）

学术支持

浙江省公共政策研究院
浙江大学公共政策研究院

目 录

数字经济

金雪军
刘建和
吴佚楠
倪钰姣

强力推动浙江省数字经济高质量发展
——基于全国 31 个省份数字经济发展情况的对比

  加快数字经济发展、加快推进数字化转型是"十四五"时期建设网络强国、数字中国的重要战略任务。2024 年 1 月以来,全国各省(区、市)统计局陆续发布了 2023 年经济发展情况,从各地经济发展情况来看,数字经济发展引擎地位巩固,各具特色的数字化应用加速落地,在带动经济转型升级中发挥重要作用。作为我国经济大省以及制造业和互联网产业强省,浙江省全面推进数字产业化、产业数字化、治理数字化协同发展,坚持不懈把数字经济作为"一号工程"来抓。尽管数字强省建设成绩显著,但仍然存在一些不足。本文对比分析当前浙江省数字经济发展中实际存在的问题,借鉴其他省份数字经济建设方面的先进经验,提出有针对性的措施和建议,有助于弥补发展短板,激发数字经济创新活力,以数字经济高质量发展加快培育新质生产力。

一、浙江省数字经济发展存在的困难与不足

  2023 年,浙江省《政府工作报告》在"今后五年发展的总体要求和目标任务"中指出,要大力推进数字化改革,建设数字浙江,打造数字变革高地。面对复杂多变的外部环境,浙江省凭借着数字化发展的韧性取得了显著的成果。浙江省统计局公布的数据显示,2023 年,浙江省规模以上数字经济核心产业制造业增加值增长8.3%,信息传输软件和信息技术服务业增加值增长 11.5%。尽管如此,本文通过对比分析全国 31 个省份数字经济发展情况发现,浙江省在数字基础设施建设、数

  作者简介:金雪军,浙江大学公共政策研究院执行院长,浙江省公共政策研究院执行院长、教授;刘建和,浙江财经大学教授;吴佚楠、倪钰姣,浙江财经大学硕士研究生。

字产业化、产业数字化、数字化治理、数据价值化，即数字经济五大领域的建设上仍有不足之处。

（一）数字基础设施建设

包括5G（第五代移动通信技术）、AI（人工智能）在内的信息通信技术是新质生产力的重要组成部分，是支撑数字经济蓬勃发展的重要"底座"。从2020年5月工业和信息化部联合国务院国资委印发《关于推进电信基础设施共建共享 支撑5G网络加快建设发展的实施意见》，到2023年12月工业和信息化部等十一部门联合发布《关于开展"信号升格"专项行动的通知》，一系列政策文件体现出我国高度重视5G规模建设的"质"与"量"。基于此，浙江数字基建取得明显成效，据浙江省通信管理局公布的数据，截至2023年末，全省5G基站总数达22.5万个，除北京、上海、天津三个直辖市外，居全国第一。

第一，在推进新型数字基础设施建设工作中，浙江省在加速扩大5G用户规模和提升5G网络质量上仍有较大的进步空间。一是浙江省5G用户普及速度较为缓慢。工业和信息化部发布的数据显示，截至2024年3月，浙江省5G移动电话用户数（4927.5万户）位列全国第五，而5G用户占移动电话用户的比例（51.9%）仅位列全国第七，两者的同比增速均居于末位（见表1）。二是浙江省5G信号有待增强。移动网络质量领航方阵在2023年6月发布的《全国移动网络质量监测报告》显示，截至2023年第四季度，按照全国5G网络均值接入速率的110%、100%分别设置卓越和优秀门限，各省（区、市）中5G网络下行接入速率表现卓越的省份是江苏省，而浙江省处于优秀省份的末位，位居全国第十四；5G网络上行接入速率表现卓越的省份是河南省、辽宁省、安徽省、内蒙古自治区、黑龙江省，而浙江省未达到优秀门限要求。

表1 全国31个省份5G用户普及情况（截至2024年3月）

省份	5G移动电话用户数			5G用户占移动电话用户的比例		
	本期数额/万户	同比增速/%	增速排名	本期数额/%	同比增速/%	增速排名
广东	9291.6	32.3	31	53.3	28.5	31
河南	5812.2	44.3	9	52.5	40.3	10
山东	5728.4	42.9	12	47.1	38.6	14
江苏	5597.0	37.6	28	50.4	33.3	24
浙江	4927.5	34.7	30	51.9	30.5	30
四川	4822.0	40.8	8	49.4	40.4	19
河北	4306.6	42.4	6	48.6	41.7	15
湖南	3948.7	49.0	7	50.5	40.4	4

省份	5G 移动电话用户数			5G 用户占移动电话用户的比例		
	本期数额/万户	同比增速/%	增速排名	本期数额/%	同比增速/%	增速排名
安徽	3271.9	44.6	10	48.9	39.8	8
湖北	3034.3	44.5	16	47.2	37.6	9
广西	2852.6	42.9	14	46.8	38.3	13
云南	2608.8	40.3	13	49.7	38.3	20
陕西	2520.8	40.1	19	50.4	36.5	21
福建	2464.0	37.2	21	49.4	35.5	26
江西	2436.2	36.9	23	50.1	34.7	27
辽宁	2421.8	46.8	4	46.0	43.4	5
贵州	2332.6	39.8	17	50.7	37.3	23
山西	2186.4	41.0	11	51.1	38.9	17
北京	2162.3	39.8	22	53.0	35.3	22
上海	2097.6	43.6	18	44.7	36.6	12
重庆	2083.9	45.9	27	47.2	33.4	6
黑龙江	1838.7	40.8	26	46.5	33.8	18
吉林	1542.2	51.8	2	50.9	51.7	3
内蒙古	1482.9	44.2	5	48.8	43.2	11
新疆	1461.7	53.8	3	48.2	49.8	2
甘肃	1437.7	41.1	20	49.0	36.2	16
天津	928.8	45.7	15	48.2	38.0	7
海南	645.4	37.6	24	53.3	34.6	25
宁夏	511.2	35.8	25	56.2	34.0	28
青海	421.6	35.5	29	57.2	33.2	29
西藏	176.5	71.9	1	51.0	69.7	1

数据来源：工业和信息化部。

　　第二，随着5G、AI等信息技术的进步，算力需求持续增长，算力产业迎来发展机遇，然而浙江省算力建设相对略显不足。据中国信息通信研究院发布的《中国综合算力指数（2023年）》，截至2022年底，浙江省综合算力指数位居全国第六，且低于50分，而广东省、江苏省的综合算力指数均超过65分。一是广东省近年来不断加快算力领域布局，层出不穷的AI大模型驱动算力发展，带动智能算力需求持续攀升。2023年11月，《广东省人民政府关于加快建设通用人工智能产业创新引领地的实施意见》指出，广东省致力于实现智能算力规模全国第一、全球领先。二是江苏省在省内多个城市全面发展算力产业。2023年7月，《苏州市关于推进算力产业发展和应用的行动方案》正式发布；2023 年 8 月，江苏算力数据有限公司在扬州揭牌；同期，由江苏省工业和信息化厅、江苏省通信管理局指导的江苏算力联盟在南京成立。

（二）数字产业化

软件是新一代信息技术的灵魂，但浙江省在软件产业规模和技术创新能力两方面仍有待进一步提升。

一方面，浙江省软件业务收入排名较为靠后，且增速较慢。据工业和信息化部统计，2023 年，我国累计完成软件业务收入 12.3 万亿元，同比增长 13.4%，而浙江省软件业务累计收入（0.9 万亿元）位列全国第六，同比仅增长 3.4%，远低于全国整体水平。值得注意的是，北京市软件业务收入（2.6 万亿元）位居全国第一且增速高达 17.6%。北京市经济和信息化局在 2024 年 4 月印发《北京市加快建设信息软件产业创新发展高地行动方案》，计划进一步推动北京市信息软件产业收入达到 4.8 万亿元，打造具有国际竞争力的信息软件产业集群。

另一方面，浙江省强力推进"创新深化"和"315"科技创新体系建设工程，但创新表现与广东省、北京市等地相比仍有较大差距，需进一步增强创新引领力。《中国区域创新能力评价报告 2023》显示，2023 年，浙江省区域创新能力综合排名全国第四，广东省连续 7 年居全国首位，北京市、江苏省分别排名第二和第三。报告特别指出，广东省在企业创新和创新绩效方面表现突出：在企业创新方面，广东省规模以上工业企业和高新技术企业分别达 6.7 万家和 6.9 万家，远高于浙江省的 5.7 万家和 4.2 万家；创新绩效指标是指创新为当地经济社会发展创造效益的能力，广东省已形成 17 个国家级创新型产业集群、8 个万亿级产业集群，而浙江省万亿级产业集群仅有 4 个。目前广东省科技系统正加快构建覆盖"基础研究＋技术攻关＋成果转化＋科技金融＋人才支撑"的全过程创新生态链，以市场优势带动科技创新。

（三）产业数字化

自部署实施三个"一号工程"以来，浙江省数字经济核心产业发展迈入深水区。2023 年，浙江省数字经济核心产业增加值达到 9867 亿元，增速比 GDP（国内生产总值）高 4.1 个百分点，创造了产业数字化指数连续 4 年居全国第一的成绩，但深入推进产业数字化，仍存在提升空间。

一方面，浙江省工业数字经济渗透率有待进一步挖掘提升潜力。据工业和信息化部发布的《2023 年新一代信息技术与制造业融合发展试点示范名单》，浙江省有 2 家企业入选"数字领航"企业名单，有 4 家企业入选两化融合管理体系贯标试点示范名单，有 5 家企业入选特色专业型工业互联网平台名单。其中特色专业型工业互联网平台方向企业上榜数量远少于山东省的 11 家和广东省的 10 家，居全国第五位，而工业互联网平台的蓬勃发展能够驱动工业生产全要素，打通产业全链路，从顶层为企业规划全信息化系统部署的最佳实践路径。

另一方面，浙江省数字消费在蓬勃发展的同时也面临着一些问题。据国家统计局数据，2023 年浙江省全年实物商品网上零售额 18493.0 亿元，比上年增长 11.0%，占社会消费品零售总额的比重为 56.8%，增速得到大幅提升，但规模与广东省相比仍有较大差距。广东省在激发数字消费新活力层面不仅大力提升农村居民数字消费品质，推动渠道从城市下沉到乡镇，而且注重培育老年群体的数字消费习惯，兼顾"银发经济"发展，打通数字消费堵点，促进消费扩容提质。

此外，浙江省本地商业银行缺乏对产业数字金融发展的实践探索。目前，九江银行在钢、铜、钨等产业搭建方面形成了高效、全面的一站式产业生态聚合服务平台，其利用智能风控模型完成商流、物流、资金流、信息流的交叉验证，利用大数据模型对企业进行精准画像和分析，通过推动交易平台化、以交易驱动资金划拨和货物出入库等举措，帮助产业生态中的企业提升资金周转效率、降低运营成本。北京银行以场景化驱动数字化，探索与同业、客户、技术供应商、金融科技公司等参与方的数据互联共享，构建基于产业链、个人生活场景的生态平台。随着产业数字金融重要战略机遇期的到来，浙江省银行业金融机构应在全面推动数字化转型的进程中抢抓产业数字化发展契机，响应产业数字金融发展要求。

（四）数字化治理

加强数字政府和智慧城市建设，是贯彻落实数字中国战略的重要举措。现阶段浙江省数字政府建设良好，网络安全保障能力稳步提升。但浙江省在智慧城市行业以及与智慧城市建设密切相关的智能交通、智能建筑、物联网等多个行业仍存在短板。根据中国企业数据库企查猫的数据，截至 2024 年 4 月 29 日，我国智慧城市行业存续和在业的企业（注册资金 1000 万元以上）共有 11.9 万家，其中企业数量位居前三的省份分别是广东省、江苏省和福建省，浙江省排名第四。不仅如此，浙江省在支撑智慧城市发展的智能建筑、智能家居、智能交通以及物联网行业的企业数量方面均与广东省存在较大差距（见表 2）。而物联网技术是连接制造实体和智能化中心的桥梁，自广东省 2010 年发布的《关于加快发展物联网建设智慧广东的实施意见》等政策相继落地，集聚效应凸显，广东省物联网发展从"跟随"走向"超越"，在物联网企业数量、产业链完整度上全面领先。

值得注意的是，浙江省智慧城市建设的主要问题在于智能建筑行业发展力度相对不足。截至 2024 年 4 月 29 日，浙江省仅有智能建筑企业 12213 家，在全国排名第七，而位居第一的陕西省，企业数量高达 31181 家（见表 2）。建筑业是陕西名副其实的支柱产业，数实融合是持续推动传统产业转型升级的必由之路，陕西省和西安市支持高等院校联合骨干企业搭建一批智能建造科技创新平台，推动智能建造技术研发、人才培养、学科建设和成果转化。为进一步增强建筑企业发展信心，2024 年 4 月，陕西省多部门联合印发《支持建筑业企业强信心稳增长促转型十条措施》，持续推动建筑业转型升级、提质增效。

表 2　全国 31 个省份智慧城市建设相关行业企业数量（截至 2024 年 4 月 29 日）

单位：家

省份	智慧城市行业	智能建筑行业	智能家居行业	智能交通行业	物联网行业
广东	14657	25897	4246	21393	34036
江苏	13901	30421	3258	19468	28432
福建	8715	9583	967	8827	14028
浙江	8306	12213	1889	11618	19277
山东	6904	19190	1302	10180	14924
北京	5809	15520	697	11117	16260
四川	5694	11386	892	7485	11236
上海	5530	14986	1781	10095	17472
陕西	5211	31181	1100	7681	9504
河南	4052	11444	853	5968	7280
安徽	4001	8939	867	5442	7423
海南	3993	3075	273	1793	3890
湖北	3725	8662	680	4755	6393
湖南	3611	5971	619	4442	5079
重庆	3223	4112	363	3007	4469
辽宁	2671	5409	430	2921	4017
河北	2575	7984	557	4311	4239
江西	2231	3493	267	1927	2977
天津	2009	4530	230	3415	4962
广西	1702	3150	226	2011	2891
云南	1628	3527	320	1759	1923
山西	1544	4278	246	2300	2624
新疆	1311	2990	137	1440	1810

续　表

省份	智慧城市行业	智能建筑行业	智能家居行业	智能交通行业	物联网行业
甘肃	1081	2843	178	1121	1187
内蒙古	1029	2127	116	1055	1444
吉林	982	2481	171	1338	1438
黑龙江	920	1581	96	1098	1484
西藏	564	1736	70	688	721
宁夏	540	971	61	427	597
贵州	419	1185	81	528	661
青海	300	809	46	383	430

注：数据来源于中国企业数据库企查猫，统计范围为注册资金1000万元以上存续和在业的企业。

（五）数据价值化

作为"数据大省"，浙江省不断探索新的数据价值链模式，但是在数据价值释放、数据流通等方面与广东省、贵州省等地相比仍存在一定差距。数据要素价值化的本质是数据要素商业化，实现数据要素从产品到商品的转变，因此数据交易所和数据确权是核心。

数据交易所层面，浙江省数据交易规模相对较小，仍需扩大覆盖面。截至2022年12月，杭州国际数字交易中心累计交易金额达11亿元。同期深圳数据交易所累计交易金额超过12亿元，覆盖金融、交通、气象等20余个行业领域。深圳数据交易所率先在国内探索"动态合规"，创造性地引入"信用"工具，打造动态信用评级，构建可信交易环境，实现数据交易的包容审慎监管。截至2023年末，深圳数据交易所累计交易金额达65亿元，涉及交易场景228个，覆盖30个省份。此外，数据定价是数据交易的基础，贵阳大数据交易所上线全国首个数据产品交易价格计算器，为数据交易买卖双方议价提供参考，补全"报价—估价—议价"价格形成路径中的关键环节，促进数据要素高效配置、公平交易和自由流动。

数据确权层面，目前浙江省明确了公共数据和非公共数据的范围，尚未成立数据要素经营实体。为加速推进公共数据、企业数据、个人数据分类分级确权授权使用，《苏州市数据条例》按照中央深改委最新精神对公共数据、企业数据、个人数据三类数据分别进行定义。北京市、青岛市、海南省等地通过将全部或部分待开发利用的公共数据授权当地国有企业开展运营工作，福建省、贵州省、云南省和上海市等地都成立了数据集团或公司统一作为被授权的运营机构，为数据利用破局。

二、政策建议

为促进浙江省数字经济高质量发展，充分发挥数字强省示范引领作用，本文聚焦当前浙江省数字经济发展的实际问题，提出五点建议。

第一，加快 5G 网络规模化部署，持续推进算力建设。系统打造以 5G 和算力网络为重点的新型信息基础设施，创新构建新型信息服务体系，稳步推进数字浙江的网络建设。具体建议为：一是以利民惠民为出发点，利用大数据精准分析和深入挖掘移动手机用户的套餐需求，匹配相应的 5G 套餐升级和产品营销策略，加速扩大 5G 用户规模。二是专注提升 5G 网络质量。一方面，利用宏站、微站、室分等多种形式，实现城市重点场所 5G 深度覆盖；另一方面，巧用高低多频段搭配的立体网络建设方式，解决特殊地段的网络保障。三是在省内多个城市推出专项政策支持算力产业发展，鼓励地方政府和社会资本按市场化原则联合设立产业投资基金，形成多元算力协同体系；同时，加快建设人工智能公共算力开放创新平台，推动算力产业的转型升级。

第二，政策支持数字产业化，以科技创新驱动高质量发展。数字产业化是重组资源要素和改变经济结构的重要推动力，推动数字技术创新发展对提高经济的稳定性、韧性具有重要意义。具体建议为：一是聚焦浙江省软件信息产业，围绕大模型、数件等新软件领域，构建新一代软件产业生态；同时，积极开拓国际市场规模，鼓励省内工业软件企业参加国内外知名专业展会，按相关规定给予展位费补助。二是持续增强浙江省区域创新能力。一方面，鼓励省内软件企业面向长三角地区开展联合项目申报与技术攻关；另一方面，依托长三角区域优势技术创新资源，提升长三角地区优秀科研人员、产业领军人才的协作水平。三是立足浙江省产业基础和优势，积极构建新一代信息技术的新赛道格局，从省级层面加大资金支持力度，鼓励各地市因地制宜打造特色产业基地和园区，积极培育国家级创新型产业集群和万亿级产业集群。

第三，深入推进产业数字化，打造数实融合新范式。产业数字化是数字经济的主阵地，能够推动传统产业价值创造实现提质、降本与增效。具体建议为：一是打造工业互联网创新体系，探索以"多路赛马"方式支持制造企业、软件企业、互联网企业协同开展技术创新和实体化运作，催化不同技术路线，形成良好的比拼竞争态势。二是鼓励家庭代际互动，调动晚辈"反哺"老人数字技能的积极性；推进互联网企业在软硬件开发设计上进行适老化改造，释放老年人数字消费活力。三是引导银行等金融机构提高自身金融资产数字化的占比，特别是提升对存量和增量资产数字化风控的占比，鼓励金融机构与拥有合法背书的第三方科技平台开展合作，增强科技能力和提升资产质量。

第四，城市"治理"变"智理"，加速实施全领域智慧化提升。加快数智赋能城市建设，提高社会治理智能化水平。具体建议为：一是加大对智慧城市产业链企业的扶持力度，通过税收优惠政策帮助相关企业减轻税负压力，全力支持智慧城市建设大项目，营造有利于物联网技术等信息科技产业应用发展的良好氛围。二是推动传统的建筑产业转型升级。一方面，积极引导浙江省企业参与智能建造，创新和完善金融扶持工作，为智能建造、新型建筑工业化领域的企业上市提供一站式绿色通道服务；另一方面，支持领军企业、领衔机构牵头等多种形式组建智能建造创新平台。三是加快建立浙江省新型智慧城市建设统一的评价指标体系，推动省内各城市积极研究制定结合自身实际情况、符合智慧城市发展规律、适应地区数字经济发展特征的标准规范，实现全省智慧城市建设与管理方式的韧性升级。

第五，加快推进数据价值化，激活数据要素动能。数据要素是数字经济深化发展的核心引擎。具体建议为：一是健全数据交易平台和市场，探索数据价格形成、产品定价、价值评估等机制；采用隐私学习、联邦学习、区块链等手段，完善数据安全体系，构建数据流通使用全过程监管的安全技术平台。二是合理界定数据要素市场各参与方的权利和义务，将数据资源持有权、数据加工使用权、数据产品经营权等产权进行分置，保护数据要素生产、流通和使用各方的利益。三是建设面向产业的工业数据共同体，并积极开展数据质量评估、数据资产价值评估、数据合规安全评估等第三方评估工作，重视数据建模及"数据图谱＋大模型学习"的架构。

金　赟
孔维莹

深化金融科技赋能　打造金融"数智港湾"

　　2016 年末，浙江省政府提出建设钱塘江金融港湾的构想。历经五年的建设发展，钱塘江金融港湾已经成为浙江金融创新高地和金融产业集聚区。2022 年初，浙江开始着手布局钱塘江金融港湾"升级版"建设，提出打造"数智港湾"的要求。本文基于"数智港湾"发展规划，概述了钱塘江金融港湾的发展概况，并分析了打造"数智港湾"的有利条件，然后依据现存问题，有针对性地提出相关政策建议。

一、导言

　　近年来，云计算、大数据、人工智能和区块链等新兴技术和金融业务不断融合，金融科技在现代经济金融运行中扮演着愈发重要的角色。2016 年 12 月，《钱塘江金融港湾发展规划》的公布正式揭开了建设钱塘江金融港湾的序幕。此后两年内，浙江省政府及杭州市政府陆续推出《浙江省人民政府关于推进钱塘江金融港湾建设的若干意见》《杭州市人民政府关于加快推进钱塘江金融港湾建设的实施意见》《杭州市人民政府关于加快推进钱塘江金融港湾建设更好服务实体经济发展的政策意见》等政策指导性文件，将钱塘江金融港湾建设落到实处。2021 年 6 月，浙江省政府印发《浙江省金融业发展"十四五"规划》，进一步明确了"搭建数智金融平台""加快打造全国一流新兴金融中心"的金融业发展目标。2022 年 1 月，《钱塘江金融港湾发展实施计划（2021—2025 年）》正式发布，其中提出浙江要打造"数智港湾"，以数字化改革为引领，在钱塘江金融港湾率先形成数智化区域金融运行体系。

　　作者简介：金赟，财通证券规划发展部副总经理；孔维莹，财通证券规划发展部研究员。

然而，建设"数智港湾"存在诸多挑战，数据孤岛现象普遍存在、产融结合程度不足、监管缺位等问题亟待解决。在此背景下，浙江有必要思考如何鼓励企业创新金融科技，深化产业数字化改革，将钱塘江金融港湾打造成为一个具有浙江特色的"数智港湾"。

二、钱塘江金融港湾的发展概况

2016 年规划发布后，在各级政府部门的共同努力下，钱塘江金融港湾快速崛起，成为浙江金融创新高地，引领本省金融产业从"西湖时代"步入"钱塘江时代"。截至 2021 年末，钱塘江金融港湾顺利完成第一个五年的战略任务，现已基本形成"1 + X"空间布局，其中"1"是指钱江新城和钱江世纪城组成的核心区，"X"是指一系列金融特色小镇（集聚区）。

（一）"1"——核心区

钱江新城地处钱塘江北岸，规划面积 21 平方公里，兼具金融、贸易、信息、商业、办公等多种功能，建有财富金融中心、波浪文化城、国际会议中心等标志性建筑，成功引进浙江大学互联网金融研究院（简称浙大 AIF）（江干）产研中心、全球数字金融中心、恒生科技金融产业园等平台和项目。钱江新城经过 20 余年的发展，已成为现代化大都市的新中心。2017 年底，杭州市政府提出"拥江发展"战略，钱江新城 2.0 建设应运而生，以浙江"湾区之芯"和杭州未来"城市之芯"为战略定位，进一步推进城市国际化进程。

钱江世纪城坐落于钱塘江南岸，规划面积 22.27 平方公里，依托会展文创、金融、科技、总部四大产业，建成了会展文创产业集聚区、"ABC"（人工智能、大数据和云计算英语首字母的缩写）产业集聚区、金融产业集聚区、总部集聚区，形成了"一带、双轴、三片、多区"的空间布局。钱江世纪城围绕"杭州城市新中心、钱塘江金融城、大都市新封面"的战略定位，汇聚了浙商银行总部、浙江交通集团金融中心等金融机构，中国（杭州）5G 创新谷、杭州区块链产业园、钱江世纪城智慧科技园等孵化平台，浙江之江创投研究院、钱塘江金融港湾金融科技实验室、浙江省北大信息技术高等研究院等智库研究机构。2021 年，钱江世纪城财政总收入为 91.39 亿元，地方财政收入为 60.43 亿元，连续五年保持高速增长；区域内累计注册企业 16000 余家，规模以上企业 108 家，税收超千万元企业 49 家（不含房地产），税收"亿元楼"7 个。① 图 1 为 2017—2021 年钱江世纪城财政收入。

---

① 吕术艳. 钱江世纪城：全面打赢亚运保障攻坚战、经济发展冲锋战［N］. 萧山日报，2022-02-11（5）.

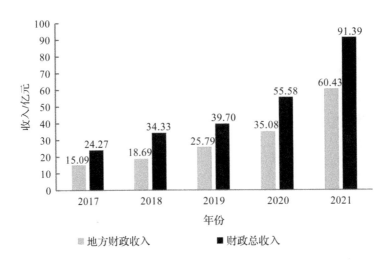

图 1　2017—2021 年钱江世纪城财政收入

资料来源：根据杭州市萧山钱江世纪城管理委员会发布的信息整理绘制。

（二）"X"——金融特色小镇（集聚区）

截至 2022 年 3 月，钱塘江金融港湾共有 11 个金融特色小镇①，分布在杭州、宁波、嘉兴等浙江多个城市。其中，玉皇山南基金小镇、湘湖金融小镇、西溪谷互联网金融小镇发展速度较快、成绩斐然，因此下面以这三个金融特色小镇为典型案例，阐释它们的差异化发展之路。

玉皇山南基金小镇背靠玉皇山，南临钱塘江，建立伊始对标美国"对冲基金之都"格林威治，目标是成为一个以私募基金为核心，集金融、文创、旅游于一体的特色小镇。具体而言，玉皇山南基金小镇的定位是以股权投资类（天使投资、创业投资、股权投资）、证券期货类（对冲基金、量化投资基金）、财富管理类投资机构为产业核心，形成新金融产业链，构建私募基金生态圈。② 玉皇山南基金小镇虽然规划面积仅为 5 平方公里，但依靠金融产业集群，形成品牌效应，吸引了国新国际、敦和资管、凯泰资本、永安国富等多家私募巨头入驻。自 2015 年揭牌以来，经过六年多的飞速发展，玉皇山南基金小镇已成为浙江金融"金名片"。截至 2021 年 12 月，该小镇累计入驻金融机构 2344 家，总资产管理规模 11655 亿元，吸引 5000 余名国内外高端金融人才入驻，累计实现税收超 130 亿元，位居钱塘江金融特色小镇之首。③ 图 2 和图 3 分别为 2015—2021 年玉皇山南基金小镇入驻金融机构数量和资产管理规模以及税收收入。

---

① 数据来源：浙江特色小镇官网（https：//tsxz. zjol. com. cn/）。
② 参见玉皇山南基金小镇官网（http：//www. yhsnfundtown. com/）。
③ 数据来源：杭州市玉皇山南基金小镇管理委员会。

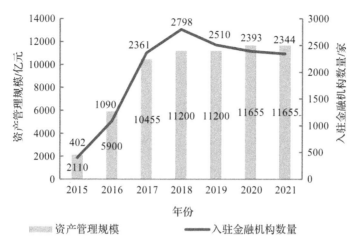

图 2 2015—2021 年玉皇山南基金小镇入驻金融机构数量和资产管理规模

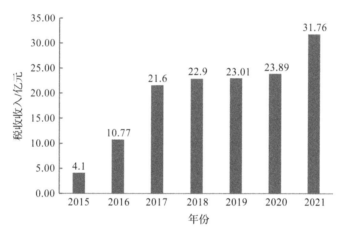

图 3 2015—2021 年玉皇山南基金小镇税收收入

  湘湖金融小镇围绕"金融＋科技＋生态"的定位，重点发展私募金融，构建私募基金生态圈和企业投融资全产业链，着力打造中国版"苏黎世湖区"。自 2016 年以来，湘湖金融小镇陆续引进红杉中国、普华资本、鼎晖投资、浙商创投等多家金融巨擘，拥有浙江大学金融学院"双创"基地、信雅达特殊资产产业园和万向区块链产业园等金融科技资源，成功举办丝路国际联盟大会、全球共享金融论坛·湘湖峰会等一系列金融论坛和会议，逐渐发展成为私募金融产业高地。截至 2021 年末，湘湖金融小镇机构数量为 1224 家，税收收入总额达 10 亿元，基金数量为 1330 只，注册资本 970.29 亿元，资产管理规模达 4000 亿元。① 图 4 和图 5 分别为 2017—2021 年湘湖金融小镇入驻机构数量和资产管理规模以及税收收入。

---

  ① 数据来源：杭州湘湖资产运营有限公司。

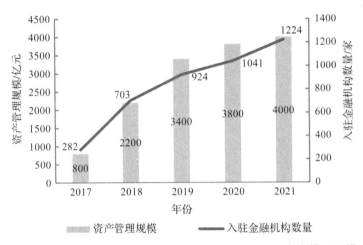

图4　2017—2021年湘湖金融小镇入驻机构数量和资产管理规模

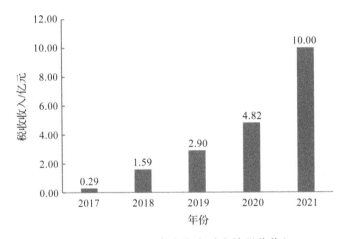

图5　2017—2021年湘湖金融小镇税收收入

西溪谷互联网金融小镇聚焦互联网金融、金融科技基础设施和创业风险投资三大核心业态，形成"一轴五星"空间布局。自2015年规划建设起，先后有蚂蚁金服、网商银行、芝麻信用等阿里系重点企业和浙江大学国家大学科技园、蚂蚁Z空间、赛伯乐基金小坞、X-WORK众创空间等重点平台入驻。[1] 2021年，西溪谷互联网金融小镇又引进浙商回归产业园、蚂蚁链产业创新中心、西溪金融总部经济园、纯白矩阵区块链国际生态中心等重点项目[2]，发挥产业聚集和辐射效应，进一步完善金融科技上下游产业链，力争成为具有国际影响力的互联网金融创新中心。

---

① 包勇，高静玮，郑少曼.2016杭州·云栖大会拉开帷幕［N］.浙江日报，2016-10-13（12）.
② 黄丽丽.西湖蚂蚁小镇：金融之谷，见证科技腾飞［N］.浙江日报，2021-12-21（10）.

三、钱塘江金融港湾打造"数智港湾"的有利条件

《钱塘江金融港湾发展实施计划（2021—2025年）》提出，到2025年，要重点打造"数智港湾"，即以数字化改革为引领，形成数智化区域金融运行体系。钱塘江金融港湾雄厚的金融产业基础、较强的金融科技应用能力和良好的金融生态建设，为打造"数智港湾"提供了有利基础。

（一）金融产业基础雄厚，企业发展潜力巨大

钱塘江金融港湾作为浙江金融产业集聚高地，汇聚了金融机构、金融资本、金融人才、金融市场等金融要素，拥有雄厚的金融产业基础。构成钱塘江金融港湾核心区的钱江新城和钱江世纪城吸引了大批企业总部和研发中心落户，截至2020年末，已有69家省级以上持牌金融机构、6家大型要素交易平台、500余家金融衍生机构和金融科技公司入驻。此外，玉皇山南基金小镇、湘湖金融小镇、西溪谷互联网金融小镇等一系列特色金融小镇也相继落地，实现金融资源和实体产业有机融合，推动区域产业转型升级。经过2017年至2021年五年的发展，钱塘江金融港湾主规划区的金融业增加值占全省的比重超过36%，存贷款余额占全省的份额超过34%，直接融资比重超过27%，集聚各类金融机构、规模化私募基金及财富管理机构超5000家，管理资产规模超2万亿元。[①]

钱塘江金融港湾的发展目标是成为一个成熟的国际国内金融中心，而与同样位于长三角经济圈的上海国际金融中心相比，虽然陆家嘴金融城拥有更大的经济体量和更高的金融业增加值，且吸引了大批头部外资资管机构落户，但是钱塘江金融港湾没有陷入上海"大都市阴影区"效应，而是坚持错位发展战略，借助钱塘江两岸各地区的区位优势，发展金融特色产业，走出了一条差异化发展之路。错位发展战略带来的协同互补效应结合长三角一体化发展战略带来的经济辐射效应，将有利于钱塘江金融港湾建设更完善的金融要素市场，营造更好的金融产业生态，助力有潜力的金融科技企业做大做强。

（二）金融科技优势显著，场景应用能力领先

钱塘江金融港湾聚集了一批具有较强技术研发和场景应用能力的金融科技巨头，它们通过实现金融与科技深度融合，打造了多个典型的金融科技应用场景，发挥金融科技优势促进产业转型升级。其中，多数企业通过自主研发或强强合作实现了区块链技术的落地。下面以恒生电子、浙商银行、蚂蚁集团、趣链科技四家企业研发的金融科技产品为例，阐释金融科技赋能产融结合。

---

① 数据来源：《钱塘江金融港湾发展实施计划（2021—2025年）》。

　　针对实体经济供应链中上下游企业资金不足以及融资难、融资贵等痛点，恒生电子基于大数据、区块链、智能风控等技术自主研发供应链金融服务平台，对接供应链资产和金融机构资源，为企业集团、三方服务机构等提供安全、可信、在线的供应链金融服务平台，提供场景化、数字化的多种融资模式，并且还能满足不同参与方的安全和隐私保护要求。[①] 目前，该平台已在医疗、农业、钢铁等行业的多个供应链金融业务场景中成功应用。

　　浙商银行探索出"区块链＋物联网"模式，为供应链金融提供了较为成熟的落地方案。在区块链方面，浙商银行与趣链科技展开合作，基于区块链技术研发了企业应收款链平台，帮助企业提前变现应收款，缓解资金周转及支付压力，实现资金无障碍流转。此外，浙商银行还在场外交易市场成功发行我国银行间市场首单区块链应收款资产支持票据（ABN）"浙商链融"，通过"应收款链＋证券化"，实现引资金活水入实体经济，另辟债市通途。[②] 而在物联网方面，浙商银行通过物联网传感器实现控物、物流等全程监控，使客户、监管方和银行等参与方均可以从时间、空间两个维度全面感知和监督动产存续的状态和发生的变化，进行风险监控和市场预测。[③]

　　2019年初，蚂蚁集团推出双链通供应链金融服务平台（简称双链通平台），通过区块链技术驱动供应链融资，打造"区块链＋供应链"的双链通平台。双链通平台将核心企业应收账款数字化，通过生成数字化信用区块并将其记录存储在区块链之中完成了应收账款向数字信用凭证的转化，从而畅通了应收账款信息在供应链中自由流转的渠道，使供应链末端的中小企业得以依托核心企业的信用获取融资服务。同时，核心企业、上游供应商、下游经销商、金融机构、增信机构上链使融资流转过程变得清晰透明、不可篡改，确保交易背景真实可信，有效防控融资风险，解决中小微企业融资贵、融资难的难题。图6为蚂蚁集团双链通平台架构设计。

　　趣链科技研发了BlocFace区块链服务平台（简称BlocFace平台），以提供企业级区块链服务为出发点，以云原生技术为突破点，助力传统产业数字化转型。BlocFace平台提供区块链可视运维与研发的服务，显著降低了金融机构运用区块链技术的门槛。[④] 目前，该平台已为上海证券交易所（简称上交所）、深圳证券交易所（简称深交所）两家证券交易所和中国建设银行、中国农业银行、中国银行、光大银行、浙商银行等多家银行机构提供区块链基础设施服务，推动可信区块链业务的落地。图7为趣链科技BlocFace平台架构设计。

① 袁元.恒生电子：科技赋能金融，服务实体经济［EB/OL］.（2022-03-08）［2024-03-01］. https://cn.chinadaily.com.cn/a/202203/07/WS6225cccea3107be497a09abd.html.
② 清华大学国家金融研究院.近期金融科技新闻一览［EB/OL］.（2018-09-07）［2024-03-01］. https://xyfintech.pbcsf.tsinghua.edu.cn/info/1018/1107.htm.
③ 李岚."链"上金融力挺千万小微［N］.金融时报，2021-12-17(5).
④ 趣链科技.趣链科技BlocFace平台全量通过可信区块链BaaS评测［EB/OL］.（2021-07-15）［2024-03-01］.https://www.hyperchain.cn/news/519.html.

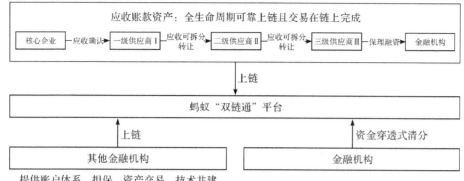

图6 蚂蚁集团双链通平台架构设计

资料来源：蚂蚁集团官网。

图7 趣链科技 BlocFace 平台架构设计

资料来源：趣链科技官网。

注：Access Key 为访问密钥；IDE 为集成开发环境；Fabric 为一种主流联盟链架构。

（三）金融生态建设良好，政策支持效果明显

浙江省各级政府部门为入驻钱塘江金融港湾的金融科技企业创造了良好的金融生态环境。一方面，给予它们奖励、补贴、免税等优惠政策；另一方面，组织举办多场国际峰会论坛，打响钱塘江金融港湾"金名片"，提高国内国际知名度，推动区域内金融产业数智化转型。

为鼓励金融机构在钱塘江金融港湾集聚，杭州市政府对在钱塘江金融港湾落户的银行、证券、基金、资产管理、保险、信托、期货等金融企业总部给予 500 万元

至 5000 万元不等的奖励和额外的购（租）房补贴。为改善钱塘江金融港湾金融生态环境，杭州市政府在钱塘江金融港湾实行宽松的税收政策，对金融同业往来利息收入、金融商品转让收入、金融机构向小微企业和个体工商户发放小额贷款利息收入等多项营业收入免征增值税，给予金融机构巨大的税收优惠。为促进金融更好服务实体经济，杭州市政府加强与银行、保险等金融机构的合作，为钱塘江金融港湾的实体经济争取更多融资供给。为加强科技与金融结合力度，杭州市政府对落户钱塘江金融港湾的科技型中小微企业给予财政补贴，并设立创业投资引导基金、天使引导基金、文创产业基金等政府引导基金，扶持有潜力的科技型中小微企业做大做强。

与此同时，钱塘江金融港湾积极举办钱塘江论坛、全球私募基金西湖峰会、全球并购白沙泉峰会等国际峰会论坛，搭建国际化合作交流平台，为港湾金融生态优化带来巨大的空间。在浙江省政府、杭州市政府、国家金融监督管理总局浙江监管局等政府部门的支持下，钱塘江论坛已成功举办五届，邀请国内外政要、国际组织高管、行业领袖、金融巨擘，共同探讨数字经济转型升级、金融科技赋能、金融服务实体经济等热点话题，深化浙江省金融改革，金融产业转型升级，实现金融业高质量发展，助力杭州将钱塘江金融港湾打造成为一个具有全球竞争力、影响力、辐射力的金融高地。全球私募基金西湖峰会聚焦资产管理和私募基金行业，致力于打造一个专业化、精品化、国际化的高端资本对话平台，促进金融机构、金融资本、金融人才、金融市场等金融要素融合，推动私募行业高质量发展，提高钱塘江金融港湾国内国际知名度。

四、钱塘江金融港湾打造 "数智港湾" 的现存问题

虽然钱塘江金融港湾具有良好的发展基础和广阔的发展前景，但仍然存在着不少问题亟待解决，其主要体现在金融数据共享不便、金融科技应用场景有限、监管缺位等方面。

（一）金融数据难以有效共享，信息孤岛现象普遍存在

数据是金融科技发展和竞争的核心资源，数据的有效共享是产业数字化转型的必然要求，也是打造 "数智港湾" 的重要支撑和保障。数据共享依赖于完善的新型基础设施建设，"新基建" 主要包括 5G 基站建设、大数据中心、人工智能、工业互联网等多项领域。联系钱塘江金融港湾发展现状，钱塘江金融港湾的 "新基建" 具体可以分为两方面：一是以 5G、新一代互联网、低空飞行互联网为代表的具备传输功能的网类基础设施；二是以大数据中心、城市及行业云、城市及行业数据中台、创新研发平台为代表的具备数据存储处理功能的云类基础设施。[1]

---

① 朱敏. 杭州市 "新基建" 发展重点方向的对策建议[J]. 杭州，2020（9）：50-51.

依托金融科技产业集聚，钱塘江金融港湾在"新基建"领域发展迅速。2017年，西溪谷互联网金融小镇诞生了全国首个区块链产业园，搭建出一个高水平的区块链基础设施平台，在中国区块链产业园 15 强中位列榜首。① 阿里云计算产业园、杭州云谷产业园相继落地，为钱塘江金融港湾提供了完善的云数据中心，同时也带来了丰富的云服务与生态。钱塘江金融港湾还拥有杭州 5G 创新园、杭州人工智能产业园等数字产业集聚区，在 5G 网络建设、下一代互联网（IPv6）规模部署和人工智能融合平台搭建等方面成效颇丰。

但钱塘江金融港湾的"新基建"仍存在诸多问题，距离共建共享、互联互通、标准化、开放型的要求还有一定差距。一方面，钱塘江金融港湾缺少联通金融数据、企业数据、政务数据与公共数据的跨领域服务平台，不同主体之间存在数据壁垒，难以进行融合创新；另一方面，钱塘江金融港湾缺少串联多省市的跨区域金融服务平台，核心区无法与宁波、湖州、嘉兴、绍兴、舟山等省内其他城市有效联通，也无法与上海国际金融中心等长三角金融科技高地有效对接，不利于金融数据的安全流通和共享开放。数字基础设施的缺失使数据难以成为资源，"信息孤岛"问题的存在也会使金融产业数智化转型的进程搁浅。

（二）金融科技应用场景有限，产融结合方式缺乏创新

金融科技发展的初心和最终目的都是使金融更好地服务实体经济，其实现形式是多样的，比如 API（应用程序接口）开放平台、大数据征信、消费金融、供应链金融、自动化营销等。钱塘江金融港湾虽然在支付结算、融资信贷等领域的金融科技发展水平居于全国领先地位，但产融结合情况不理想，主要表现为两个方面：一是产融结合方式较为单一，金融科技服务实体经济的主体大多为银行机构，但在证券、基金、信托、保险等其他金融行业，金融科技渗透率较低，应用场景较为有限；二是在钱塘江金融港湾虽然引入了众多金融机构和高科技企业，但存在着头部企业集中度过高的问题，以蚂蚁集团为代表的阿里系企业占据了绝大部分金融科技市场份额。虽然阿里系企业拥有世界领先的信息技术，在 B 端（企业端）接入多种应用场景，在金融科技 2B（对企业端）赋能领域的各方面优势都很明显，但缺乏本地竞争对手，不利于产融结合方式的创新。而上海外滩金融中心和陆家嘴金融中心拥有东方财富网、众安保险、陆金所、大智慧、汇付天下等十余家金融科技上市企业，还有点融网、银联商务、快钱等"独角兽"企业，在激烈的市场竞争中逐渐拓展金融科技应用场景，为 B 端提供更丰富的金融科技产品。

---

① 赛迪智库. 2020—2021 年中国区块链产业发展白皮书［EB/OL］. （2021-07-15）［2024-03-01］. https：//www.199it.com/archives/1246714.html.

（三）金融科技运用风险较大，监管缺位现象不容忽视

创新和监管的平衡是目前数字金融领域最薄弱的环节，主要表现为创新衍生的操作运行与监管的缺位，创新带来的道德风险与法律滞后等。钱塘江金融港湾集聚了一批金融机构和科创公司，一些金融科技企业业务过度扩展蔓延，触角伸至金融监管灰色地带，形成了系统性金融风险。[①] 2018 年至 2020 年，多多理财、牛板金、微贷网等多家位于钱塘江金融港湾的 P2P 平台（互联网金融点对点借贷平台）发生爆雷事件，给投资者带来巨额损失。微贷网曾是杭州第一大 P2P 平台，公司成立九年间陆续向公众吸收存款 3000 亿元，但有高达 85 亿元的资金无力偿还。

为应对金融科技创新带来的潜在风险，钱塘江金融港湾在大力推进金融业数智化改革的同时，以"监管沙盒"为核心不断推进金融科技监管创新工作。2020 年 4 月，杭州获批金融科技创新监管试点，钱江新城联合浙大 AIF（江干）产研中心打造全国首个政产学研金融科技孵化器，探索杭州版"监管沙盒"模式。以杭州银行、中国建设银行、中国农业银行、中国工商银行为代表的银行机构和以连连智能、海康威视、传化支付、同盾科技为代表的金融科技企业积极参与金融科技创新，先后推出两批金融科技创新监管试点应用，基于人工智能、区块链、隐私计算等数字科技，赋能农村金融、智能银行、跨境电商融资等领域。

但目前钱塘江金融港湾监管科技的发展仍处于初级阶段，在宏观层面尚未完善配套规则和监管法律，在微观层面还需规范准入退出标准、消费者保护准备等运行机制，与真正的"监管沙盒"机制相比还有较大差距。虽然钱塘江金融港湾早在2018 年就成立了中国区块链"监管沙盒"杭州湾产业园，但是实际上该"监管沙盒"并没有政府或政府监管机构的直接参与，由于缺乏"监管"这一核心要义，它与普通的产业园或产业集聚区没有本质区别，是一个政府缺位的伪"监管沙盒"，并不具有实际意义。[②] 此外，钱塘江金融港湾缺少针对监管科技创新的规划方案，难以构建数字化监管体系，金融科技企业也缺乏内在创新动力。

五、钱塘江金融港湾打造"数智港湾"的政策建议

为解决钱塘江金融港湾的现存问题，相关政府部门可以从以下几个方面进行努力，争取在第一个五年计划的基础上实现迭代升级，成功打造"数智港湾"。

---

① 孙晋. 平台企业产融结合带来风险叠加与传导［EB/OL］.（2021-04-19）［2024-03-01］. https：//m. 163. com/dy/article/G7V4NVQI0519C6T9. html.

② 张卓. 多城实验"监管沙盒"是跟风还是监管新趋势？［EB/OL］.（2018-12-06）［2024-03-01］. https：//www. panewslab. com/zh_ hk/articledetails/1011. html.

（一）打通横纵数据屏障，有力破除数据孤岛

现阶段的金融数据共享开放只是在一定程度上促进了数据流通，但要实现更大范围、更深层次的开放共享，还需要融合跨领域、跨地区、跨层级、跨业务的数据资源，构建多领域、全方位的数智化区域金融运行体系。

一方面，要加快打通横向数据屏障，破除各部门间的数据壁垒，推动金融数据与政务数据、社会数据、商业数据的融合互通。由于来自不同部门的数据内容庞杂，缺乏权威统一的定义和标准，即便是同类数据也会出现统计口径不一的问题，碎片化的数据给清洗工作带来巨大困难。因此打破横向数据壁垒首先需要推进数据标准化建设，建立统一的数据规则和技术要求，增强跨领域数据之间的可比性，保证数据流通的准确性、完整性、一致性、时效性，提高数据质量与价值。此外，数据所有权分属于不同部门，引发了数据权力边界不清、权益分配规则不明、纠纷解决机制不健全等问题，因此要使金融数据与其他领域的数据互联互通，应加快数据权属相关立法，形成数据开放共享、交易流通和权益分配的法律规范，明确可流通数据的范围和流通规则，并在此基础上，推动建立完善的数据交易机制和共享平台，提高数据资源的关联性和协同效应，有力破除数据孤岛问题。[①] 例如，钱塘江金融港湾可以依托"杭州 e 融"杭州金融综合服务平台，推进"大脑+平台"的数智金融平台建设。目前该平台已接入市政务数据共享交换平台和市公共信用信息平台，此后应争取与央行征信系统等更多数据中心对接，将其建设成为一个"城市金融大脑"。

另一方面，要加快构建省、市、区（县）三级联动的"金融数据池"，借助大数据和云计算技术，建设全省一体化的数智金融云平台，打通杭州主规划区和"钱塘江—富春江"沿线各金融集聚区之间的跨地区数据壁垒，形成上下联动、纵向贯通的金融格局。此外，钱塘江金融港湾地处长三角南翼，接受上海的经济辐射，两地金融机构和科技企业交流频繁，同时，钱塘江金融港湾以"积极融入长三角一体化发展战略，对接上海国际金融中心"为发展定位，因此有必要发掘跨地区金融合作机遇，依托云计算、区块链、人工智能等技术，构建长三角数智金融网络，提高金融数据省际流通效率。

（二）加快数字基础设施建设，助力实体经济转型升级

钱塘江金融港湾虽然集聚了众多金融科技企业，但是大部分企业是位于金融科技产业链中游的金融科技服务商，而关注核心芯片设计、软件设计平台研发、高端

---

① 北京商报．王兆星：金融数据的流通和共享仍存在不少障碍［EB/OL］．（2020-12-15）［2024-03-01］．https：//ishare.ifeng.com/c/s/v0024oVs9fL25Hcg9NauTAyeff8ACGeoavXHNNd1xGXZj44.

零部件生产等软硬件设备研发的上游企业较少。因此，未来钱塘江金融港湾应提升区域内上游企业实力，充分发挥金融产业集聚效应，将金融科技优势辐射到下游的证券公司、银行、保险公司、基金公司、资管公司等金融机构，加速实体经济数智化转型。图8为金融科技产业链。

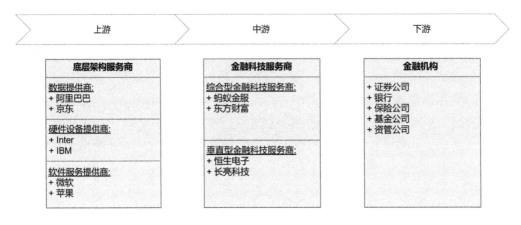

图8　金融科技产业链

资料来源：朱茜．预见2021：《2021年中国金融科技产业全景图谱》（发展现状、细分市场、发展趋势等）［EB/OL］．（2021-04-14）［2024-03-01］. http://ecoapp.qianzhan.com/detials/210414-1f180c29.html? uid=83c47a2d-caf7-4ff1-a556-6ab126064063；胡翔，朱洁羽．非银金融行业2021年度策略——三个关键词：顺周期、金融科技、资本市场改革［EB/OL］．（2020-12-07）［2024-03-01］. https：//finance.sina.com.cn/stock/stockzmt/2020-12-09/doc-Ⅱznctke5532652.shtml.

钱塘江金融港湾应遵循《浙江省数字基础设施发展"十四五"规划》，扩大对"新基建"的有效投资，坚持"政府引导、市场主导、多方参与"的共建共享机制，深化与浙江大学、西湖大学、之江实验室、阿里巴巴"达摩院"等科研平台和智库机构的合作，并引进一批金融科技产业链上游企业，鼓励金融科技企业关注底层关键技术的研发，提升数字科技研发力，突破5G网络、人工智能、工业互联网、数字基础设施制造等领域的核心技术限制，增强核心芯片、基础软件、系统装备的供给能力，减少对国外芯片、服务器、操作系统、中间件等核心软硬件的依赖。同时，应将数字基础设施建设成果推广并应用到实体经济，带动全要素、全产业链、全价值链实现数智化，形成数字基础设施"建""用"互促的生态体系。①

（三）丰富金融科技应用场景，延伸金融服务触角

金融科技不仅要帮助金融自身可持续发展，更要挖掘它的外部效应，运用科技

---

① 马晓飞．促进数字技术与实体经济深度融合［N］. 经济日报，2021-08-26（10）.

赋能实体经济。针对产融结合方式单一的问题，钱塘江金融港湾应鼓励包括证券公司、基金公司、信托公司、保险公司在内的更多金融机构积极参与金融科技创新，促进市场各方交流协作，扩展金融科技应用场景，以技术创新赋能金融业高质量发展。针对头部企业集中度过高的问题，钱塘江金融港湾应重视科技型中小微企业的发展，加大信贷支持和融资保障力度，并给予适当的财政补贴，为科技型中小微企业提供良好的金融生态环境。同时，应培育壮大有潜力的科技企业，助力趣链科技、连连支付等"独角兽"和"准独角兽"企业上市，形成健康的市场竞争格局和有序的市场竞争秩序，鼓励金融科技企业推出多样化金融科技产品，延伸金融服务触角，加快产融结合速度。图9为金融科技服务实体经济的作用机制。

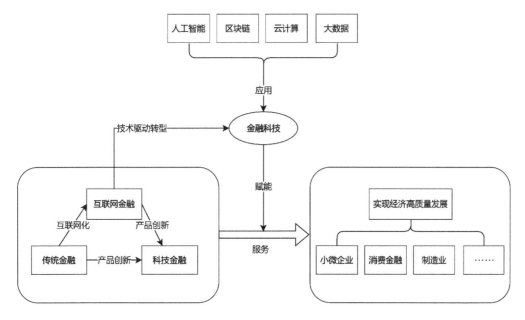

图9 金融科技服务实体经济的作用机制

资料来源：周雷．金融科技服务实体经济的作用机制、发展历程与前景展望［J］．杭州金融研修学院学报，2019（10）：13-17.

此外，浙江于2021年被中央列为高质量发展建设共同富裕示范区，2022年发布的《关于金融支持浙江高质量发展建设共同富裕示范区的意见》中也提到了要完善对战略性新兴产业、先进制造业和"专精特新"企业的金融服务，要提升金融服务科技创新能力，为科创企业提供持续资金支持。因此，在建设高质量发展共同富裕示范区之际，钱塘江金融港湾还应利用金融科技推动科技、产业、金融协调发展，优化金融资源配置，增强经济内生动力，为实现共同富裕创造有利条件。

（四）鼓励金融监管科技创新，完善"监管沙盒"机制设计

钱塘江金融港湾应利用好杭州金融科技创新监管试点优势，创新监管科技的研发

和应用模式，借鉴国内外成功经验，制定符合本地特色的"监管沙盒"落地方案。

在宏观层面，根据钱塘江金融港湾的发展现状，不断优化"监管沙盒"顶层设计。一方面，由于金融科技创新范围广、种类多、专业性强，难以将"监管沙盒"设立在单一监管机构下，而是需要多方合作，因此需进一步明确监管主体，协调地方金融监督管理局、行业自律机构之间的分工与合作，提高金融监管效率；另一方面，目前还未出台国家层面的金融科技监管法案，但建立健全相关法律法规迫在眉睫，应加快出台地方级科技监管指引文件和发展规划，完善金融监管法律体系建设，确保金融监管试验在运行过程中的规范性和有效性。

在微观层面，基于钱塘江金融港湾的金融科技产业发展情况，完善"监管沙盒"制度体系。一方面，应细化"入盒""出盒"标准，根据金融科技发展规划制定企业准入标准，排除业务应用前景不明、缺乏项目可行性的申请企业，同时明确运行测试机制和信息反馈机制，防范产品项目跟踪过程中可能发生的各种风险，最后在测试项目通过考核后发放牌照①；另一方面，由于"监管沙盒"测试项目可能存在机构资质不达标、业务经营不合规、风险防控不到位等问题，可能使消费者权益遭受损害，因此还应重视消费者权益保护，在"监管沙盒"测试期间保障消费者的合法知情权、自主选择权、信息安全权和隐私权。② 图 10 为构建钱塘江金融港湾"监管沙盒"的设计方案。

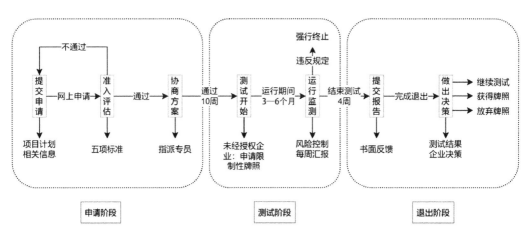

图 10 构建钱塘江金融港湾"监管沙盒"的设计方案

资料来源：胡滨，杨涵. 英国金融科技"监管沙盒"制度借鉴与我国现实选择[J]. 经济纵横，2019（11）：103-114，2.

① 沈艳，龚强. 中国金融科技监管沙盒机制设计研究[J]. 金融论坛，2021（1）：3-13.
② 王定祥，翟若雨. 金融科技"监管沙盒"的国际经验与政策启示[J]. 当代金融研究，2021（Z4）：100-108.

社会治理

徐　林
羊海米

构建海洋垃圾的协同治理机制

　　当前海洋污染日趋严峻，不仅危及海洋生物而且反噬人类，已成为亟待解决的重大全球环境问题之一。其中，海洋塑料垃圾是海洋垃圾的主要部分，治理海洋垃圾的重点在于治理海洋塑料垃圾。我国海洋垃圾治理存在溯源难、成本高、治理主体单一的问题，因此有必要构建一个让资源化利用企业和社会公众都能广泛参与的协同治理机制。浙江省海洋塑料垃圾治理"蓝色循环"模式成功构建了多元主体参与机制、海洋塑料垃圾溯源机制，并持续探索海洋塑料垃圾的资源化利用途径，充分实现了治理的主体协同、流程协同和利益协同，走出了一条破解海洋垃圾治理困境的新路子。分析和探讨海洋垃圾的协同治理案例有助于学界拓展多元主体互动视角下的治理机制研究，并为我国的海洋垃圾治理提供重要启示。

一、研究背景

　　海洋是人类社会赖以生存和发展的重要资源宝库。然而，随着人类对海洋资源的过度开发和对海洋环境的不当使用，大量塑料垃圾因处置失当而通过各种途径进入海洋。根据国际自然保护联盟的统计，每年至少有 1400 万吨塑料进入海洋，构成了约80%的海洋垃圾。[1]这些塑料在海洋中经过破碎降解后产生塑料碎片甚至微塑料，在生物体内富集并随食物链传递，对人类的食品安全和生命健康造成严重影响。[2,3]自 20 世纪 80 年代以来，国际学术界围绕海洋塑料垃圾污染和海洋环境治理展开了大量研究，形成了一系列研究结果，从科学和政策层面推动了海洋塑料垃圾的管理和控制。[4-6]当前，国际社会已经普遍认识到海洋塑料垃圾治理的紧迫性与必要性，自 2014 年起，联合国环境规划署相继在第一届至第三届联合国环境大会上

　　作者简介：徐林，浙江大学公共管理学院教授、博士生导师，浙江大学公共政策研究院首席专家；羊海米，浙江大学公共管理学院博士研究生。

对海洋塑料垃圾污染问题给予了重点关注。[7-9]

我国是世界上最大的塑料生产和消费国[10]，海洋塑料垃圾污染问题始终备受关注。据《2022年中国海洋生态环境状况公报》[11]，我国近岸海域范围内的表层水体拖网监测的漂浮垃圾平均个数为每平方公里2859个；海滩垃圾平均个数为每平方公里54772个；海底垃圾平均个数为每平方公里2947个。三类近岸海域的垃圾中，塑料类垃圾数量最多，分别占海面漂浮垃圾、海滩垃圾、海底垃圾的86.2%、84.5%和86.8%。因此，破解海洋垃圾治理困境的关键在于海洋塑料垃圾的有效治理。作为较早认识到海洋塑料垃圾污染危害的省份之一，浙江省不断探索和创新，组织开展了大量污染监测与防治工作，已经积累了一定的经验。然而，尽管当前海洋环境质量稳中趋好，但海洋塑料垃圾局部污染问题依然严重[12]，海洋塑料垃圾治理仍然存在着诸多现实困境。

首先，海洋塑料垃圾来源广泛、移动性强、溯源难，污染者付费原则难以执行。海洋塑料垃圾污染多元化，其来源可大致分为海源和陆源塑料垃圾。[13,14]海源塑料垃圾主要指水产养殖、商业捕捞等海上作业活动产生的废弃渔具等，这类垃圾通常被渔民船夫直接倾倒入海；陆源塑料垃圾则大多来源于内陆河流和近岸海滩，是海洋塑料垃圾的主要来源，占比高达80%。[15]海源和陆源塑料垃圾一旦入海，受潮汐潮流和气象状况的影响，将随着海流广泛移动，且迁移路径不详。由于目前仍缺乏有效的方法追踪海洋塑料垃圾的来源，传统的污染者付费原则无法满足海洋塑料垃圾的治理需求。

其次，海洋面积辽阔，塑料垃圾打捞成本高，单纯依靠政府无法实现。浙江是一个海洋大省，海域面积26万平方公里，是陆域面积的2.6倍；区域内海岸线总长6600公里，居全国首位；在全省11座地级市中，有7座都是沿海城市。基于这样优越的区位条件，浙江不断开发和探索海洋资源，各类海洋产业的涉海面积十分广泛。因此，如果单纯依靠政府打捞和处置海洋塑料垃圾，不但极难在开放的海域明确划分执行单位间的责任，而且存在成本高、效率低等诸多困境，这种治理方法几乎不可能取得成效，更遑论海洋环境治理的协同性和实效性。

最后，多元化生态补偿机制不完善，企业和社会公众参与海洋塑料垃圾治理的积极性尚未被激发。海洋塑料垃圾治理是一项需要多元主体共同参与的系统性工程，但目前尚未建立市场化、多元化的生态补偿机制。企业作为重要的环境治理主体，对塑料制品的研发、生产、销售等全生命周期都具有重要影响，但是由于塑料的再生及循环利用产业链尚未打通，海洋塑料的资源化利用率较低，企业普遍缺乏履行社会责任的主动性。社会公众作为环境治理的重要利益相关方，应当是塑料垃圾回收的实际践行者，然而当前教育引导不到位，公众参与海洋垃圾治理的机会不多，其治理积极性尚未被充分激发。

综上所述，不断加剧的海洋环境污染和无法满足需要的治理资源凸显了海洋垃垃圾治理的重要性和紧迫性。在此背景下，党的十九大强调构建政府为主导、企业为主体、社会组织和公众共同参与的环境治理体系[16]，要求通过协同治理解决环境问题。作为推进环境治理能力现代化的内在要求，协同治理是破解海洋环境治理困境的必由之路。本文将以浙江省海洋塑料垃圾治理"蓝色循环"模式为案例，对海洋垃圾的协同治理机制展开分析。

二、文献综述

海洋垃圾污染所具有的复合性特征，带来了有别于陆地垃圾治理的现实困境。以协同治理切入，将对海洋垃圾治理做出具有实践意义的学理回应。[3]根据已有文献研究内容，首先梳理海洋垃圾治理的研究脉络，其次探讨海洋垃圾协同治理的理论机理。

（一）相关研究梳理

自20世纪80年代《联合国海洋法公约》签署以来，学术界对于海洋环境保护问题开展了大量研究，有力地促进了海洋垃圾治理实践的发展。按照本文的分析取向，可从相关文献中大致整理出两类研究：一类从科学层面出发，探讨海洋塑料的生态危害与应对手段；另一类从政策层面出发，分析海洋垃圾治理的举措与实践。

第一类研究普遍认为，探究微塑料在海洋环境中的生态危害，有助于为后续科学管控提供参考依据。目前，微塑料污染问题已受到各国研究者的广泛关注，中国也在近十年陆续开展了针对海洋微塑料的研究[17]，相关研究内容主要涉及海洋微塑料的来源与归趋、海洋微塑料的生态效应、微塑料对海洋生物的致毒机理等。在多数学者的视野中，海洋塑料的来源包括陆源输入、海上娱乐业、船舶运输业和水产养殖业等，而陆源塑料垃圾是海洋塑料污染的主要来源[14,18]，进入海洋中的塑料垃圾经过光氧化、物理分解和化学作用等一系列物化作用后，最终形成微塑料并广泛分布于世界各海域中[19]，微塑料对生态系统的影响主要体现在对动植物器官造成机械损伤、随食物链积累、释放和吸附有毒物质、有机污染物载体等四个方面[20-23]。随着研究的深入，不仅海洋塑料的样品采集和分析检测方法得以优化，经典的技术研究和风险评估方法也日渐应用于海洋垃圾治理的研究，最终指导未来减缓海洋环境污染的战略。[24,25]

第二类研究主要聚焦海洋垃圾治理的实施机制和法律法规，学者们从全球、区域和国家等不同层面，介绍了现有海洋垃圾治理体系和立法经验，并对我国的海洋垃圾治理工作提出相应的对策与建议。从研究者采取的学科视角来看，这些研究可以归为政治学和法学视角。政治学视角重点剖析我国海洋垃圾治理失效的深层原因，如李潇等将我国的海洋塑料垃圾政策与欧盟及其成员国进行对比，指出我国尚无国家层面的海洋垃圾战略，也尚未对塑料微粒的使用展开监管[26]；王菊英等认为，我国现有的海洋垃圾监测工作已经无法满足海洋环境管理需求及有效应对相关国际事务[12]。在此基础上，学者们进一步指出我国应当结合本国实际情况和借鉴国际先进经验，积极参与全球海洋垃圾污染治理进程。[6,27,28]法学视角侧重关注海洋环境治理的法治建设，阐述如何建构与完善海洋法律体系。由于我国海洋立法起步较晚，当前的海洋环境法律体系远远落后于社会经济发展的需要[29]，因此，学术界普遍呼吁制定《海洋基本法》[30]，并且针对《海洋基本法》的性质定位和实施路径等展开了详细讨论[31]。此外，也有研究认为，我国可以学习国际海洋立法经验，探索一条适合中国海洋环境保护的道路[32]，例如古小东等借鉴美国的立法经验，为我国海洋垃圾治理法律制度的优化提出对策建议[33]。

从总体上看，在现有海洋垃圾治理研究中，虽然两类研究脉络沿着科学与政策路径共同推进，但多强调政府的主体地位，基于协同治理视角的相关研究很少。部分研究虽然为协同治理视角提供了启示和支撑[33,34]，但未能解答海洋垃圾协同治理机制何以形成、如何实现。对上述问题的回答，必须首先厘清协同治理的核心内涵是如何与海洋治理的实际需求结合起来的。

（二）协同治理：海洋垃圾治理的必由之路

协同治理理论是自然科学中的协同学与社会科学中的治理理论的交叉融合。20 世纪 70 年代，德国物理学家哈肯（Haken）创立了协同学，揭示了由大量子系统组成的宏观系统由无序变为有序的协同机制[35]，为协同治理理论的发展提供了方法论。20 世纪 90 年代，协同学被西方学者率先推广至公共行政学领域，并在与治理理论的耦合中逐渐发展成协同治理理论。[36]此后，西方的协同治理理论受到我国学者的关注，并被广泛地应用于应急管理[37]、大气污染防治[38]、乡村振兴[39]等多个领域，逐渐形成了适合我国国情的协同治理新模式。在对协同治理现实价值的讨论中，学界普遍认为，协同治理不仅有助于推动治理技术创新[37]，提炼公共利益共识[40]，而且有效回应了国家治理能力现代化的要求[41]，能够调动社会团体的能动性[42]。上述观点表明，随着政府职能的转变和多元主体力量的增强，协同治理逐渐成为我国公共事务治理的重要模式。海洋垃圾治理作为一项综合性的复杂公共事务，不仅涉及生态环境、经济发展等宏观层面，也与个人行为习惯和生活方式等微观要素密切相关，因而，协同治理是其必由之路。具体可以从三个方面展开剖析。

首先，协同治理强调治理主体的多元化。在广义语境下，协同治理的主体是所有参与公共事务并具有自主性的行为体，如政府、企业和社会公众等。[43]在这些主体之间建立合作关系，能够促使各方主动建构有利于实现海洋垃圾治理目标的行动策略。其次，协同治理主张主体间利益分配的均衡。[44]将协同治理引入海洋环境领域，能够为利益激励机制的形成创造条件，不仅有利于提升塑料垃圾再生利用的效率，还能平衡不同主体的利益诉求，激发多元主体参与治理的积极性，形成以利益等正向激励为主的可持续治理路径。最后，协同治理要求充分开发治理数据的价值，通过流程再造实现多元主体间的信息共享。[45]在海洋垃圾的具体治理实践中，协同治理能够依托大数据技术实现治理数据共享，让多元主体了解海洋塑料的全流程治理信息，保障主体的知情权和监督权。

三、构建海洋垃圾的协同治理机制

治理海洋塑料垃圾的关键点首先就在于构建一个让资源化利用企业、各类船舶及船员，以及包括海边居民在内的社会公众都能广泛参与的机制。要动员各类主体主动参与，就必须构建一个可持续的利益分配机制；要防止这些主体以陆地垃圾冒充海洋垃圾获取利益，就需要建立一个溯源机制，以精准识别垃圾的来源。浙江省首创的"蓝色循环"模式成功构建了多元主体参与机制、海洋塑料垃圾溯源机制，并持续探索海洋塑料垃圾的资源化利用途径，为全球海洋垃圾治理贡献了新范例，海洋垃圾协同治理机制如图1所示。

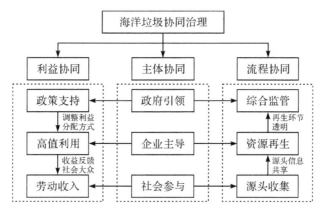

图1　海洋垃圾协同治理机制

（一）主体协同：建立多元主体参与的海洋垃圾治理机制

在海洋垃圾治理中，政府内部各职能部门间基于工作流程展开相互协作，同时政府与企业、社会公众等多元主体间协同关系。政府引领、企业主导、社会参与的协同治理机制，依靠多元主体间的优势互补和资源整合来搭建海洋垃圾治理的共治格局。

首先，政府发挥引领和监督作用，推动一元化管理向多元化治理格局转型。政府既是海洋环境治理的主体之一，更是治理的引领者，海洋垃圾治理必须在政府的引导下有序推进。政府应当致力于完善环境立法和制度创新，增强企业承担社会责任的外在监管压力和内生经济动力，并以此倒逼整个塑料垃圾资源化利用行业进行适应性调整和产业结构升级。其次，企业节能减排的主体地位不断凸显，应着力于将外在环境规制转化为内在竞争优势，用绿色技术创新提升自身在治理体系中的地位，以生产方式变革促进消费方式变革，实现海洋垃圾治理运营主体企业化、运行模式市场化的治理模式。最后，社会公众在追求环境权利的同时，也应该承担环境保护的责任，增强自身的治理主体意识和塑料垃圾回收意识，在海洋垃圾治理中主动地发挥作用。

（二）利益协同：开辟海洋塑料垃圾资源化利用的生态补偿途径

海洋垃圾污染的负外部性显著，其公共物品属性经常导致"公地悲剧"。在海洋垃圾污染治理过程中，各主体趋异的利益诉求往往使其片面追求自身利益最大化，形成合作共治的反向力量。因此，对各种利益关系进行协调并使其达到相对均衡的状态，是多元主体实现合作的关键。以海洋塑料垃圾治理中的资源化利用为例，可以对多元主体基于利益的协同治理机制进行比较具体的分析。

资源化利用是当前海洋塑料垃圾高值利用的最优路径，如何完善资源化利用所产生的利益链条，形成与多元主体协作模式相适应的生态补偿方式，是当前海洋塑料垃圾协同治理的重要方面。对于塑料再生企业来说，大量海洋塑料垃圾的存在在一定程度上代表了源源不断的利益，而对于渔民和海边居民等社会公众而言，其利益关切往往在于参与海洋垃圾治理能否为自身带来经济收益。因此，政府在传统的财政支付、税收优惠等补偿手段之外，还应配套政策制度设计，科学调整海洋塑料资源化利用的利益分配方式，使塑料垃圾高值利用的收益反哺社会大众，让各主体之间的利益诉求得到常态化沟通，从而保障多元主体参与力量的持续性。

（三）流程协同：打造海洋塑料垃圾的数字化溯源机制

海洋垃圾信息的不透明可能影响到协同共治，使得部分地区出现以陆地垃圾冒充海洋垃圾的"象征性执行"现象，也给企业谋取海洋塑料垃圾资源化利用的不法利润提供了可乘之机。为了对海洋塑料垃圾的来源做出准确判断，必须提高各主体在治理机制中对海洋垃圾信息的共享程度，基于流程协同的溯源机制为解决这一问题提供了路径。

流程协同要求把海洋垃圾的治理看作行动系统，汇聚区域内各治理主体信息，消除信息孤岛，以流程为中心彻底打破主体间协作壁垒，以全局最优和信息共享为目标来设计和优化流程中的各项环节。随着大数据、物联网和区块链等技术在海洋环境治理中的应用，海洋塑料垃圾处置的信息化、智能化程度不断提升。通过创立海洋垃圾治理的全流程数字化闭环体系，能够将海洋塑料垃圾的源头收集和产业再生等环节纳入统一的政府监管平台，实现海洋垃圾治理的数据共享，为多元治理主体提供了真实的溯源信息，从而保证了协同治理的长效性。

四、案例介绍：海洋塑料垃圾治理 "蓝色循环" 模式何以能够破解海洋塑料垃圾治理困境

2022 年，浙江省政府充分发挥数字化改革成果优势，探索实施海洋塑料垃圾治理 "蓝色循环" 模式。"蓝色循环" 模式改变了政府主体、财政资金兜底的治理模式，而是以国资参股企业浙江蓝景科技有限公司（简称蓝景科技）作为运营主体，依托物联网与区块链技术，构建了政府、企业、社会共建共治共享的格局。

（一）构建政府引领、企业主导、社会参与的可持续海洋塑料垃圾治理机制

第一，政府转换角色成为服务者和监管者。一方面，政府十分重视海洋塑料垃圾治理的协同合作，积极推动并签署多元主体协同治理倡议，以期通过政策支持、能力建设等赋予企业和社会公众参与海洋塑料垃圾治理的权力；另一方面，政府授权开放涉海公共数据，主导搭建 "浙江省海洋大数据应用中心平台"（简称大数据平台），将船舶、边滩、入海闸口、海上环卫等海洋公共数据纳入平台，基于数据共享，实时监督海洋塑料垃圾处置进程。

第二，将国际头部企业的碳减排需求与我国海洋生态治理有效融合，助力企业履行社会责任。当前，越来越多的国际领先企业在海洋保护和碳减排方面做出承诺，愿意投入资源开发和推广海洋塑料再生产品，这不仅提升了海洋塑料垃圾的应用潜力，也创造了对海洋再生塑料的产业需求。顺应这一形势，蓝景科技联合国际环保组织、认证机构、产业链企业组建 "蓝色联盟" 公益组织，形成了制造、需求、应用紧密结合的产业共同体。具体而言，蓝景科技应用区块链追溯技术对海洋塑料垃圾全生命周期进行碳标签、碳足迹标定，利用云计算将其统筹分类运输至处置再生企业，并将再生后的海塑粒子交由国际权威公司进行认证，通过 "海洋塑料国际交易中心" 为浙江乃至全国纺织服装、汽摩配、包装日化等行业提供再生塑料原料。可以说，"蓝色联盟" 打通了海洋塑料垃圾的资源再生利用通道，让企业主体有践行碳减排目标的积极性。

第三，吸纳渔民和沿海居民参与海洋塑料垃圾收集，联动社会公众共治。沿海居民世代依海而居、靠海生活，是海洋生态治理的受益者。浙江的渔船数量多、沿海村落密集，因此，动员渔民和沿海居民参与海洋垃圾治理至关重要。一方面，渔民在休渔期和海上非作业时间有空闲运力；另一方面，沿海村落中生活着包括渔民家属在内的众多低收入人群，其中有操持家务或依靠缝补渔网维持生计的妇女、老人以及残障人士，这类人群没有充分就业，存在一定程度的 "富余" 劳动力。蓝景科技充分利用沿海群众的闲散力量，吸纳了 7000 多艘海上船只和 1200 多名沿海村落的低收入居民加入一线塑料垃圾收集队伍，并利用村民自家小院、码头小店等现

有闲置空间设立了 15 个海洋垃圾分拣暂存点"小蓝之家"，组建了一个实体化运作、体系化收集的源头收集组织。截至 2023 年 9 月，一线队伍共收集塑料废弃物 2146 吨，其中废塑料瓶超过 1073 万个。

（二）搭建海洋塑料垃圾高值利用路径，设立共富基金反哺社会

海洋垃圾治理需要耗费大量的资金，然而政府一方力量有限，资金难以长期持续供给。"蓝色循环"模式构建了一个产业价值再分配体系，提取海洋塑料垃圾高值利用收益和碳交易溢价的 20%，设立"蓝色生态共富基金"，并依据区块链合约对基金收益进行二次分配，将产业上游的高利润转移到低利润的源头收集人员，实现了高值利用资金链的良性闭环，以海洋生态治理联动共同富裕建设。

一方面，采用"物联网 + 大数据"技术缩减海洋塑料垃圾回收再生的流转环节、重塑市场化流程，构建有经济内驱力的高值利用路径。蓝景科技将数字技术应用到再生利用和深加工领域，联合 240 多家企业，建立了海洋塑料垃圾高值利用的产业互联网。具体而言，在再生端，由国际头部再生企业把塑料废弃物加工成高品质的再生塑料原料颗粒；在深加工端，塑料相关产业链企业分工合作，利用海洋再生塑料原料生产服装、汽车配件、日化包装、电子电器等产品；在认证端，由国际权威公司对海洋塑料垃圾生命周期进行可视化认证；在销售端，广泛吸纳 ESG[①] 领先企业参与海洋塑料原料或其再生产品的采购。经国际认证的海塑粒子，相比传统再生塑料升值 165%，与此同时，蓝景科技联合相关能源企业，开发了海洋塑料废弃物回收利用的塑料信用（plastic credits），这使得再生塑料额外升值 15%，在实现生态治理的同时，带动了产业创富。"蓝色循环"模式运行以来，已有 20 多家国际品牌商表明了海洋塑料采购意向，预计日后将创造一个年产值上百亿元的海洋塑料高值利用市场。

另一方面，基金收益反哺海洋塑料垃圾收集群体，实现生态共富。海洋塑料垃圾高值利用带来的收益，应当相对公平合理地分配给各参与主体，否则难以持续健康发展。在"蓝色循环"模式中，广泛发动沿海群众参与垃圾收集既是第一步，又是整个模式得以有效运转的关键。一线收集群体主要由渔民和沿海村落的低收入人群组成，他们在各参与方中，是相对弱势的一方，且参与黏性较低。因此，需要建立完善的利益分配机制，保障一线收集人员的切身利益，并持续对其开展高强度激励。"蓝色生态共富基金"的设立，能够将海洋塑料垃圾高值利用产生的溢价回馈给一线收集群体，让群众在主动参与环保行为的同时，亦能获得有尊严的收入，这

---

① ESG（environment, social and governance），是由商业和非营利组织创建的评价体系，将环境、社会和治理因素纳入企业评价标准，以评估企业的承诺、业绩、商业模式和结构是否与可持续发展目标相一致。

充分激发了垃圾收集群体的动力,形成了可持续发展的分配体系。蓝景科技以高于陆源垃圾 600% 的价格对海洋塑料垃圾进行收购,让低收入群体增加劳动收入 20% 以上,"蓝色生态共富基金"已累计向一线收集人员发放海洋塑料垃圾高值利用二次溢价收入 132.7 万元,为渔民免费置换矿泉水 15.3 万瓶。

(三)创立数字化闭环体系,实现海洋塑料垃圾从海到货架的可视化追溯

第一,海洋塑料垃圾物联网定位,来源真实可信。根据海洋塑料垃圾收集要求,首先使用 GPS(全球定位系统)拾取器进行地图选点,定制收集人员的作业区域。在此基础上,组织海上环卫、闲散船力、沿海村落居民等形成多维立体收集网,并使用定位手环、视频记录仪等物联网定位设备对收集人员进行轨迹追踪,将定位信息和视频录像同步上传至大数据平台。在平台后端,管理人员能够精准管理每一位收集人员的作业情况,并实时进行越界预警短信推送,确保海洋塑料垃圾来源于国际认证的标准区域。

第二,全流程数字化治理闭环,过程合规合法。一是通过大数据平台为海上船舶提供接驳调度服务,协助渔民把海上垃圾和废弃渔具统一归集至海洋污染物智能处置设备"海洋云仓"。该设备由蓝景科技自主研发,能够对垃圾进行预处理,实现高达 90% 的减容减量率,大幅降低后续运输和处置成本。截至 2024 年,蓝景科技已在 26 个港口码头建设了 65 座"海洋云仓"。二是大数据平台对海洋垃圾进行分类和调度。根据再生利用价值,海洋垃圾将被分为两类。第一类是木头、布料、手套、污水等无价值废弃物,约占垃圾总量的 30%,这类垃圾将直接转移至市政进行无害化处置。第二类是塑料垃圾、废弃渔具和废矿物油等具有再生价值的废弃物,占比高达 70%,这类垃圾将由大数据平台统筹并调度至相应的再生工厂。其中,约 80% 的塑料瓶、塑料泡沫、废渔网、废鱼筐等塑料垃圾将被集中调度至塑料再生工厂,而其余 20% 的废矿物油则暂时储存在"海洋云仓"内,达到一定储量后被转运至废油再生厂。三是塑料再生工厂在入库、进料、清洗、破碎、造粒、出料等各环节中,应用物联网计量与监控设备自动将数据传输至大数据平台,实现了海洋垃圾从立体收集到智能储存、集中转运、标准再生的全流程数字化治理闭环。

第三,再生制品可视化追溯,海洋塑料垃圾从"海到货架"全流程有据可查。蓝景科技充分发挥技术专长,通过物联网装备自动产生海洋塑料垃圾再生流程中关键环节的数据,避免人为干扰,同时,将各环节中的人和物都设置为区块链上的一个节点,数据去中心化存储,不可篡改。当海洋塑料垃圾再生制品生产完成后,大数据平台基于全流程数据,根据从源头到成品的存证信息,自动为其生成区块链联单和溯源二维码,品牌商、消费者通过扫码能够看到"谁捡的""谁运的""存哪里""谁再生""谁制造"的一站式证据链,实现了海洋塑料垃圾再生制品的全流

程可视化追溯，这既能使国际品牌商和普通消费者对海洋塑料垃圾再生制品产生信任，也能为"蓝色循环"模式进入国际市场打破绿色壁垒。

五、政策建议

为了进一步推动我国的水域塑料垃圾治理，本文提出如下政策建议。

（一）加强顶层设计，统筹推进内陆地表水的塑料垃圾治理

湖泊、河流等内陆地表水是塑料垃圾的重点汇集区域和主要入海路径，据统计，约80%的海洋塑料垃圾由内陆地表水引入，应遵循生态系统整体性规律，将内陆地表水与海洋塑料垃圾进行统筹治理。近年来，《浙江省塑料污染治理三年攻坚行动计划（2021—2023年）》等文件相继出台，要求深入实施河湖水库塑料垃圾专项清理。因此，本文建议加强顶层设计，出台与内陆地表水塑料污染治理相关的战略规划和法律法规，将地表水体环境保护作为企业社会责任的重要方面。一方面通过罚款、征税等方式抑制企业的违规投放行为；另一方面通过实施税收优惠等经济激励措施鼓励企业对塑料废弃物回收再利用，推动企业通过具有约束力的规制和广泛的产业合作来共同解决内陆地表水的塑料垃圾污染问题。

（二）拓展海洋塑料垃圾资源化利用渠道，建立高效的价值循环体系

第一，推动建立完整的资源循环产业链。构建海洋塑料垃圾收集网络，降低原料获取难度，并鼓励地方政府联合大型企业建立海洋塑料垃圾制造生产线与交易中心，推进海洋塑料产业链建设。第二，加强海洋塑料垃圾循环利用核心技术攻关。提高海洋塑料垃圾化学回收技术，增强循环利用能力，最大化减少未对资源进行回收而直接进入填埋场、焚烧厂等终端设施的塑料垃圾量，形成工业化示范。第三，促进再生资源高值利用，利益反哺参与主体。建立完整的再生塑料质量控制标准化体系，结合我国废塑料回收技术，实现再生塑料在下游产业的高值利用，并以此提高前端原料回收价格，通过高回报的资源循环体系吸纳多元主体参与塑料垃圾治理，提升企业经济效益，增加居民尤其是低收入人群的就业机会和收入来源。

（三）数字赋能海洋塑料垃圾全生命周期治理

运用物联网、大数据等现代互联网技术深化海洋塑料垃圾治理的运作逻辑。一方面，由政府主导从省级层面制定标准，建立海洋塑料垃圾智慧监管平台，对全省的通航船舶、海上环卫、沿海村落居民、再生企业等进行实名录入，并对各治理主体进行实时数据监测及信息公开，在以数据为本的数字化治理逻辑下，增强海洋塑料垃圾多元主体协同治理的公信力及透明度。另一方面，在优化海洋塑料垃圾收集、储存、转运、处置和再生全流程的基础上，通过定位跟踪、过程监控等数字化

场景直观呈现海洋塑料垃圾的全生命周期，确保海洋塑料垃圾来源可信、过程可控、再生可见、追溯可视。

六、结论和展望

海洋环境治理水平的提高是实现国家治理体系和治理能力现代化的重要标志，而积极引导多元主体参与治理是提升治理水平的关键性举措。浙江省"蓝色循环"模式呈现了一个构建海洋垃圾协同治理机制的生动范例，该模式的核心特点在于，基于政府的引领作用以及企业和社会公众的自主性力量，可以充分实现海洋垃圾治理的主体协同、利益协同和流程协同，使有着不同利益诉求和实践逻辑的各方围绕海洋垃圾治理这一目标共同发力，这为完善和优化我国的海洋垃圾治理制度建设提供了重要的实践参考。

"蓝色循环"模式能够因地制宜地发展出一套稳定运作的可持续协同治理体系，表明了其具有值得分析和探讨的案例意义。同时也必须看到，协同治理在海洋垃圾治理实践中的有效应用，其产生的影响远不止对多元主体互动逻辑的革新，更渗入水域垃圾治理的多个方面。学界和实践部门应当在内陆地表水的塑料垃圾治理、塑料垃圾资源化利用和海洋塑料垃圾全生命周期治理等方面开展持续性的探索和创新。

参考文献

[1] International Union for Conservation of Nature (IUCN). Marine plastic pollution[R/OL]. (2021-11-17)[2023-10-01]. https://www.iucn.org/sites/default/files/2022-04/marine_plastic_pollution_issues_brief_nov21.pdf.

[2] Geyer R, Jambeck J R, Law K L. Production, use, and fate of all plastics ever made[J]. Science Advances, 2017, 3(7):e1700782.

[3] 杨越,陈玲,薛澜. 寻找全球问题的中国方案:海洋塑料垃圾及微塑料污染治理体系的问题与对策[J]. 中国人口·资源与环境,2020(10):45-52.

[4] 王佳佳,赵娜娜,李金惠. 中国海洋微塑料污染现状与防治建议[J]. 中国环境科学,2019(7):3056-3063.

[5] 张嘉戌,柳青,张承龙,等. 海洋塑料和微塑料管理立法研究[J]. 海洋环境科学,2019(2):167-177.

[6] 安立会,李欢,王菲菲,等. 海洋塑料垃圾污染国际治理进程与对策[J]. 环境科学研究,2022(6):1334-1340.

[7] United Nations Environment Programme. Marine plastic debris and microplastics (UNEP/EA.1/Res.6)[R]. Nairobi：First Session of the United Nations Environment Assembly, 2014.

[8] United Nations Environment Programme. Marine litter and microplastics (UNEP/EA.2/Res.11)

［R］. Nairobi：Second Session of the United Nations Environment Assembly，2016.

　　［9］　United Nations Environment Programme. Marine plastic litter and microplastics（UNEP/EA. 3/Res. 7）［R］. Nairobi：Third Session of the United Nations Environment Assembly，2017.

　　［10］　PlasticsEurope. Distribution of global plastic materials production in 2022，by region［EB/OL］. Statista，（2023-10-19）［2023-11-01］. https：//www. statista. com/statistics/281126/global-plastics-production-share-of-various-countries-and-regions/.

　　［11］　中华人民共和国生态环境部.2022 年中国海洋生态环境状况公报［R/OL］.（2023-05-26）［2023-11-23］. https：//www. mee. gov. cn/hjzl/sthjzk/jagb/202305/P020230529583634743092. pdf.

　　［12］　王菊英，林新珍. 应对塑料及微塑料污染的海洋治理体系浅析［J］. 太平洋学报，2018（4）：79-87.

　　［13］　Ferraro G，Failler P. Governing plastic pollution in the oceans：Institutional challenges and areas for action［J］. Environmental Science & Policy，2020，112（1-2）：453-460.

　　［14］　丘舒晴，黄国勇，应光国，等. 海洋塑料垃圾的环境行为与生态效应研究进展［J］. 生态毒理学报，2021（2）：23-33.

　　［15］　Jambeck J R，Geyer R，Wilcox C，et al. Plastic waste inputs from land into the ocean［J］. Science，2015，347（6223）：768-771.

　　［16］　习近平. 决胜全面建成小康社会 夺取新时代中国特色社会主义伟大胜利［N］. 人民日报，2017-10-28（1）.

　　［17］　Zhao S，Zhu L，Wang T，et al. Suspended microplastics in the surface water of the Yangtze Estuary System，China：First observations on occurrence，distribution［J］. Marine Pollution Bulletin，2014，86（1-2）：562-568.

　　［18］　孙承君，蒋凤华，李景喜，等. 海洋中微塑料的来源、分布及生态环境影响研究进展［J］. 海洋科学进展，2016（4）：449-461.

　　［19］　陈孟玲，高菲，王新元，等. 微塑料在海洋中的分布、生态效应及载体作用［J］. 海洋科学，2021（12）：125-141.

　　［20］　王丽媛，罗专溪，颜昌宙，等. 海洋环境中微塑料的生态毒性效应研究进展［J］. 环境科学与技术，2019（S2）：76-82.

　　［21］　王江涛，赵婷，谭丽菊，等. 海洋微塑料来源、分布及生态效应研究进展［J］. 海洋科学，2020（7）：79-85.

　　［22］　包木太，程媛，陈剑侠，等. 海洋微塑料污染现状及其环境行为效应的研究进展［J］. 中国海洋大学学报（自然科学版），2020（11）：69-80.

　　［23］　许彩娜，张悦，袁骐，等. 微塑料对海洋生物的影响研究进展［J］. 海洋渔业，2019（5）：631-640.

　　［24］　徐向荣，孙承君，季荣，等. 加强海洋微塑料的生态和健康危害研究 提升风险管控能力［J］. 中国科学院院刊，2018（10）：1003-1011.

　　［25］　李道季. 海洋微塑料研究焦点及存在的科学认知误区［J］. 科技导报，2020（14）：46-53.

　　［26］　李潇，杨翼，杨璐，等. 欧盟及其成员国海洋塑料垃圾政策及对我国的启示［J］. 海洋通报，2019（1）：14-19.

[27] 李雪威,李鹏羽. 欧盟参与全球海洋塑料垃圾治理的进展及对中国启示[J]. 太平洋学报,2022(2):63-76.

[28] 崔野. 全球海洋塑料垃圾治理:进展、困境与中国的参与[J]. 太平洋学报,2020(12):79-90.

[29] 范金林,郑志华. 重塑我国海洋法律体系的理论反思[J]. 上海行政学院学报,2017(3):105-111.

[30] 杨华. 海洋基本法的立法定位与体系结构[J]. 东方法学,2021(1):114-127.

[31] 古小东. 我国《海洋基本法》的性质定位与制度路径[J]. 学术研究,2022(7):60-66.

[32] 李光辉. 英国特色海洋法制与实践及其对中国的启示[J]. 武大国际法评论,2021(3):40-61.

[33] 古小东,陈敏康,洪素丽,等. 我国海洋垃圾治理制度的优化——基于美国的经验与借鉴[J]. 环境保护,2022(22):69-75.

[34] 许阳. 中国海洋环境治理政策的概览、变迁及演进趋势——基于1982—2015年161项政策文本的实证研究[J]. 中国人口·资源与环境,2018(1):165-176.

[35] 哈肯. 协同学:大自然构成的奥秘[M]. 凌复华,译. 上海:上海译文出版社,2005.

[36] Donahue J. On Collaborative Governance[M]. Cambridge:Harvard University,2004.

[37] 史晨,马亮. 协同治理、技术创新与智慧防疫——基于"健康码"的案例研究[J]. 党政研究,2020(4):107-116.

[38] 刘燕,叶晴琳. 动机与能力:成都平原经济区大气污染协同治理的政策研究[J]. 公共管理与政策评论,2022(6):49-58.

[39] 孙莹. 协同共治视角下的乡村治理现代化——以四川省J市的乡村振兴实践为例[J]. 理论学刊,2022(2):128-136.

[40] 褚松燕. 环境治理中的公众参与:特点、机理与引导[J]. 行政管理改革,2022(6):66-76.

[41] 要蓉蓉,郑石明. 地方政府如何提升环境协同治理能力?——基于H市环境治理的案例研究[J]. 行政论坛,2023(1):77-86.

[42] 于江,魏崇辉. 多元主体协同治理:国家治理现代化之逻辑理路[J]. 求实,2015(4):63-69.

[43] Bryson J M,Crosby B C,Stone M M. The design and implementation of cross-sector collaborations:Propositions from the literature[J]. Public Administration Review,2006,66(S1):44-55.

[44] 张振波. 论协同治理的生成逻辑与建构路径[J]. 中国行政管理,2015(1):58-61,110.

[45] 王振兴,韩伊静,李云新. 大数据背景下社会治理现代化:解读、困境与路径[J]. 电子政务,2019(4):84-92.

康方沉
唐瑞雪
王琳娜
余 卉

三师共管，激励相容

——分级诊疗改革的厦门经验

一、问题的提出：分级诊疗改革何以有效

分级诊疗制度是实现健康中国战略目标的重要举措，各地形成了不同特色的改革模式，但仍存在不少问题。以慢性病为突破口的"厦门模式"经过十年四个阶段的演变，基层医疗机构就诊率已高于70%，是全国分级诊疗改革的典范，其改革模式荣获"中国地方政府创新奖"。但在2014年以前，厦门市"看病累、看病贵、看病难"问题十分突出——人们常常为看病而发愁，这不仅给居民的日常生活带来了极大不便，也不利于提升居民的幸福感。

此外，在2014年以前，厦门市大医院和基层医疗机构就诊人次悬殊。以厦门市中山医院为例，2007年门急诊人数约为150万人次，日门急诊量约为4500人次，高峰时多达6000余人次；而基层医疗机构的就诊人数寥寥无几。又比如，2008年和2009年厦门市大医院与基层卫生院病床使用率差距极大（如图1所示）。患者去大医院看病，需要历经从挂号、诊疗到检查、缴费再到取药等烦琐的医疗服务流程。独自完成这些后，患者已精疲力竭。此外，据调查统计，慢性病患者占比很高（2008年厦门市慢性病与非慢性病患者占比如图2所示），其中约30%是因为需要维持常规治疗而经常到医院开药的患者。这不仅造成了优质医疗资源的浪费，而且也无法为慢性病患者提供有效的医疗服务——慢性病周期长且并发症多，大医院往往只能提供间断的、短暂的就诊服务，无法进行全周期的有效管理，更无法预防和

作者简介：康方沉，上海交通大学国际与公共事务学院政治学系研究生；唐瑞雪，厦门大学公共事务学院行政管理系本科生；王琳娜，厦门大学公共事务学院政治学系本科生；余卉，厦门大学公共事务学院行政管理系本科生。

控制并发症，"看病难"弊端凸显。总之，患者就诊累，同时医院医疗服务难以有效惠及患者。

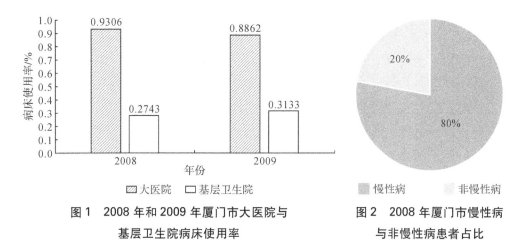

图 1 2008 年和 2009 年厦门市大医院与
基层卫生院病床使用率

图 2 2008 年厦门市慢性病
与非慢性病患者占比

为提高厦门市医疗服务水平，同时响应中央"医疗体制改革"的统一部署，厦门市政府开始探索分级诊疗改革。2008 年底，厦门以"医疗集团化"改革为切入点推动患者分流，并在 2012 年针对慢性病患者，探索出"医院—社区"一体化的"1＋1＋X"模式。但两轮改革均以失败告终，"医院放不下""基层不想接""患者不乐意"等问题愈发凸显。为此，厦门市于 2015 年着力打造"三师共管"的"医患一对一"模式，有效解决了民众"看病累、看病贵、看病难"问题。"三师共管"使得厦门市分级诊疗改革取得了里程碑式的突破，此后厦门分级诊疗改革进入了平稳推进阶段。2016 年后，厦门市逐渐将健康人群纳入"三师共管"模式中，进一步为医疗服务提效。因此，我们感兴趣的是，分级诊疗改革何以有效：厦门市分级诊疗改革前期面临着怎样的困难？"三师共管"又是如何克服重重困难实现改革的？新一轮医改阶段下分级诊疗改革有何特征与经验？

二、厦门市分级诊疗改革历程

（一）研究方法

本文主要采用案例研究法，以厦门市分级诊疗改革为典型案例。团队成员于 2022 年 12 月至 2024 年 4 月在厦门市开展集中调研，通过参与式观察、半结构化访谈等方法对 7 位医院工作者、5 位分级诊疗改革领导小组成员、13 位"三师共管"团队成员，以及 21 位慢性病患者进行资料收集。在近 40 万字访谈资料的基础上，结合多份政府文件，团队还原了厦门市 2008 年至 2023 年的分级诊疗改革的发展历程。

（二）案例回顾

为回应医疗资源配置不合理造成的"看病累、看病贵、看病难"问题，厦门市于 2008 年开始积极探索本土化的分级诊疗改革之路。从 2008 年至 2023 年，厦门市分级诊疗改革政策的演变历程可以分为四个阶段。2008 年至 2011 年的改革可称之为"医疗集团化"阶段。在这一阶段，大医院和社区卫生服务中心组成医疗集团，通过"院管院办"的机制初步整合资源、上下联动。"医疗集团化"将厦门市的医疗资源纵向整合，有效推动了患者分流。然而，由于此次改革中的某些举措与 2011 年国家推行的"收支两条线"与"基药政策"相冲突，"收支两条线"削弱了大医院的整合能力，也降低了医务人员的工作积极性。而"基药政策"直接约束了开药类型，导致患者不得不转向大医院就诊。这使得基层首诊不增反减，直接导致第一轮改革以失败告终。一位医院工作人员表示：

> 这是我们遇到的实际问题，需要一个一个去破解。后来，我们就明确提出：慢性病先行、"两病"探路。我们为什么一直坚持呢？有三个理由。首先，我们这么做对患者是有利的。其次，我们的做法也符合国际最新潮流。最后，虽然不能完全解决大医院人满为患的问题，但逐渐取得了成效。（Y-02-20230308）[①]

厦门市并未因一时的失败而停滞不前。第二阶段，厦门市积极调整政策，以解决上一阶段暴露的问题和适应新的政策环境。从 2012 年至 2013 年，厦门市以慢性病为突破口探索"1＋1＋X"模式。"1＋1＋X"模式让大医院专科医生与基层全科医生"结对子"，共同为患者提供诊治，并且推动社区签约服务，由各类辅助人员持续照顾患者。该模式实现社区与医院上下联动，共同为患者提供服务，使慢性病患者逐渐下沉到基层医疗机构。但"1＋1＋X"并非稳定的联合体，每次患者就诊时面对的是不同的医生，因而难以获得个性化、连续化的服务，于是患者的理性选择仍是回到大医院。同时由于配套政策未能跟上，最终导致"医院放不下""基层不想接""患者不乐意"等问题愈发凸显，第二阶段的改革也走向了失败。

> 目前落实"1＋1＋X"模式遭遇的难题在于，多数慢性病人过度依赖大医院的专科医生。很多病人不愿去社区看病，觉得社区医师不固定、诊治流程不连续，不愿意分流。这是（分级诊疗）最大的瓶颈。（Z-03-20230309）

改革"道阻且长"但"行则将至"，2014 年，厦门市提出"医患一对一"的"三师共管"模式，开启第三阶段的改革。"三师共管"优化了"1＋1＋X"模式，"X"固定为健康管理师，两个"1"的职责也更加明确，这意味着每个签约患者都

[①] Y-02-20230308 等类似的标识为访谈材料的编码，其中，Y 表示医院工作人员（类似地，H 表示患者，Z 表示政府工作人员，S 表示"三师共管"团队成员），02 表示访谈者编号，20230308 表示访谈时间。

有着固定的医生团队，可以享受全面、连续、协调和个性化的医疗服务。紧接着，厦门市推动各部门联动，形成政策合力，共同解决前期改革困难。通过改革绩效政策推动大医院"愿意放"且"放得下"，通过改革激励政策实现基层"愿意接"且"接得住"。此外，通过多项举措打造"多快好省"的基层就诊服务，柔性引导患者分流。"三师共管"标志着厦门市分级诊疗改革的里程碑式的突破，初步形成医院、社区、百姓"三方乐意""三方共赢"的良性局面，初步达成"医院放得下、社区接得住、百姓乐意去"的目的。

> 以前在家生了病，要坐船去市里看病，太麻烦了，现在好了，健康管理师和签约医生经常上门提供服务，还给我们免费配备了血糖仪、血压仪，我们在家里自己就可以测相关健康指标了。（H-01-20230310）

2016 年，厦门市在"三师共管"的基础上将治疗糖尿病和高血压方面的成功经验逐渐推广到其他病种，覆盖群体也由慢性病患者扩大到健康人群，将改革推进到第四阶段——"1+1+N"与信息化管理。结合信息化手段，实现医防融合，牢牢守住健康之门。"上工治未病之病，中工治欲病之病，下工治已病之病"，厦门市不忘"中医"之法，"上医"之道，大力推行家庭医生签约服务，将健康人群纳入分级诊疗体系，"防患于未然"。目前所有厦门市参保人群均可办理签约服务，分级诊疗改革也将继续惠及更多群众，护佑全民健康。而信息化管理的介入也使得医疗服务水平实现了质的飞跃。

厦门市分级诊疗相关政策演变及效果如表 1 所示。

表 1　厦门市分级诊疗相关政策演变及效果

维度	第一阶段	第二阶段	第三阶段	第四阶段
年份	2008—2011 年	2012—2013 年	2014—2015 年	2016 年至今
政策	"医疗集团化"	"1+1+X"	"三师共管"	"1+1+N"与信息化管理
政策内容	"大医院+社区卫生服务中心"；"院管院办"	"大医院专科医生+基层全科医生+各类辅助人员"	"大医院专科医生+基层全科医生+健康管理师"	扩大覆盖群体和扩大专科医生群体
政策效果	初步实现资源整合、上下联动，但后期受到国家政策影响，政策效果较差	无法解决患者信任问题，因而整体政策效果不佳	为患者提供了个性化、跟踪式服务；政策效果极佳	"三师共管"扩大化、普及化；医院成功转型，政策效益不断凸显

三、前两轮改革缘何失效

（一）分析框架

本文以 SFIC 模型（协同治理模型）进行案例分析。SFIC 模型是由安塞尔（Ansell）和加什（Gash）提出的一种分析协同治理过程的权变模型，包括四个关键因素：起始条件（starting conditions）、催化领导（facilitative leadership）、制度设计（institutional design）和协同过程（collaborative process）。这个模型描述了协同治理的实现路径，从各方参与者的动机、资源、知识和合作历史等初始条件出发，通过催化领导，建立参与式、包容性、排他性和透明性的制度设计，最终达到协同治理的结果。在实践中，使用 SFIC 模型需要考虑到具体问题的情境，对模型进行必要的调整和优化，以适应不同场景下的协同治理需求。本文根据案例的基本情况对于 SFIC 模型进行了一定的修正[①]，主要从起始条件、催化领导、制度设计和协同过程四个方面对厦门市分级诊疗改革进行整合，并着重分析协同过程中的激励相容机制，分级诊疗改革 SFIC 模型分析框架如图 3 所示。

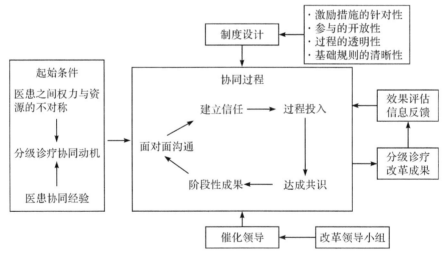

图3　分级诊疗改革 SFIC 模型分析框架

（二）导致前两轮改革失败的原因

1. 起始条件：分级诊疗呼唤协同，但利益分殊

起始条件主要指协同行动启动前初始的合作基础和各主体参与协同的心理预

---

① 陈桂生，徐铭辰. 数字乡村协同建设研究：基于 SFIC 模型的分析［J］. 中共福建省委党校（福建行政学院）学报，2022(1)：138-147.

期,主要体现在权力与资源、协同动机、合作纠纷史等方面。分级诊疗改革涉及各主体之间医疗资源的合理配置,急需各主体协同治理。然而,在改革初期,各主体权力与资源不对称,协同动机也存在差异,并且在长期互动过程中纠纷较多,导致协同动力不足。

权力与资源上,大医院医疗资源丰富,在改革中受市政府委托帮扶社区卫生服务中心,权力地位相对较高。社区卫生服务中心存在医疗资源不足、医务人员技术水平低、设备破旧落后等问题,权力地位较低。社区卫生服务中心的协同行动往往受大医院支配。而大医院在缺乏激励的情况下,不愿意投入技术、时间和精力支持社区卫生服务中心,容易产生道德风险问题。

协同动机上,对治理效果的预期和相互依赖的程度影响协同动机的强弱。显然分级诊疗中各主体依赖程度较强但预期结果不同。大医院的预期结果是实现医院转型发展,而社区卫生服务中心的预期结果是提高医疗能力和门诊收入。这种情况下,兼顾二者的利益诉求是需要外部激励的。

合作纠纷史上,长期以来,社区卫生服务中心与患者互动的过程中大多只能解决一些基本公共卫生问题,医疗能力不足,医患沟通较少。患者难以在社区卫生服务中心实现便捷就医,会对社区卫生服务中心感到失望,对其的信任程度也极低。

2. 催化领导:多方联动初步形成,但缺乏统筹

催化领导是指协同治理需要一个强有力的领导力量通过制度建设、资源配置、权威施压等方式搭建起多元主体平等沟通、对话协商的桥梁。在协同过程中,地方政府具有行政权威和资源优势,通过权威高位推动和有效制度安排可以极大地减少制度变迁的阻力。厦门市政府在分级诊疗改革中扮演领导者的角色,但是由于其在改革初期职能发挥有限,医院和社区未能被充分动员起来。

过去的诊疗模式,以三级医院为主提供常见病、多发病的诊疗服务,依靠单一主体诊治,政府进行治理和监管,即可维持医疗服务系统的秩序。经济社会的发展要求提供便捷性、个性化和全过程的医疗服务。由此提出的分级诊疗也牵涉众多主体,单一依靠政府的力量是不够的,政府必须积极协调利益相关者。改革初期,厦门市卫生局探索出了"医疗集团化"的模式。虽然形式上多方协同的机制已经建立,但是由于缺乏配套的激励机制,实质上多元主体的利益诉求并未得到充分满足,治理主体之间难以达成共识,改革举步维艰。

3. 制度设计:本土探索起步较早,但难顾全局

制度设计是指通过制定规则来规范各主体的权利与义务,以形成能为参与者所普遍接受的契约关系。分级诊疗改革的复杂性要求制度明确规定各主体的职能、责任、考核和激励等各方面,以此促进协同治理更加公平和高效。

2012年,党的十八大提出合理配置医疗资源、构建分级诊疗服务的要求。2015

年9月11日，国务院发布了首个国家层面的分级诊疗顶层设计文件《关于推进分级诊疗制度建设的指导意见》。然而，对于厦门市政府来说，根据厦门市本地的慢性病治疗发展情况，市卫生局从2008年就已经开始了分级诊疗制度的探索。从宏观层面来看，从2008年到2015年分级诊疗的探索过程都缺乏明确的顶层设计。由此导致医院和社区的探索缺乏一定的合法性和方向性。从微观层面来看，针对各个主体的相关配套政策严重缺失。在分级诊疗的各个环节中，一是医院对基层的帮扶缺少控制机制和激励机制；二是社区卫生服务中心缺少相关规范政策，社区医护人员绩效考核跟不上；三是针对患者的医保医药政策也没有相应地进行改革。

在政策执行过程中，由于政策价值观分歧、政策部门差异、政策利益博弈以及政策信息阻隔等因素，常常存在政策目标的冲突、府际政策的冲突、政策工具的冲突和政策效益的冲突。当厦门市卫生局着力推动"医疗集团化"改革时，国家出台"收支两条线"和"基药政策"。"医疗集团化"的目标是通过提高基层医疗能力以引导患者基层就诊，而"收支两条线"和"基药政策"的目标是通过监管财务过程和控制药品价格以降低患者就医成本。二者在政策目标和政策利益上存在显著差异，并且在具体执行过程中"政策打架"严重，由此导致政策效应的消解。

4. 协同过程：协同理念渐趋明晰，但落实困难

协同过程是各主体通过对话协商、建立规则、形成契约，最终取得阶段性成果的过程。作为整个协同治理的核心，它受到起始条件、催化领导和制度设计等前提条件的直接影响。因此在分析分级诊疗改革的协同过程时，其中部分困境的原因与起始条件、催化领导和制度设计紧密相关。为了使分析描述更加全面清晰，本部分会侧重于分级诊疗中各主体间的协同互动。改革前期，"医院—社区"一体化管理的雏形已经出现，但是2008年到2014年长达六年的探索并未取得阶段性成果。其主要原因在于改革政策并没有真正落实，并不存在激励相容机制。

首先，厦门市政府未能建立有效激励相容机制，实现与各主体的协同。对于大医院而言，过去专科医生凭借较大的门诊量即可获得满意的收入，若让患者到社区卫生服务中心就诊，其门诊收入势必会大幅减少。然而政府并未在其他方面给予医院补偿，因此专科医生不愿意引导患者到基层就诊。类似的，由于缺乏绩效激励，随着社区卫生服务中心就诊患者的增加，医护人员的工作负担逐渐加重。但是他们的收入并没有随之增加。与此同时，慢性病患者希望改革能给他们解决"看病累、看病贵、看病难"问题，但是厦门市政府并没有变革医保医药政策以给予患者优惠。

其次，医院和社区之间缺乏经济和情感依赖，难以实现协同。从经济动机考虑，在当时的制度环境下，大医院专科医生一定程度上更倾向于在大医院诊治，主观上不愿意主动让患者到社区卫生服务中心就诊。专科医生也较少关注医院的转型发展。同时作为技术和时间的给予者，在缺乏有效的经济利益激励的情况下，专科医生在日常工作中会以各种"正当理由"推脱帮扶基层的任务或者不提供实质性的

帮助。从情感动机考虑，理论上专科医生作为社会人希望获得一定程度的情感价值，然而在"师带徒"机制产生之前，专科医生帮助的社区医护人员人数众多，且每次帮助的医护都在轮换，如此专科医生与基层之间并不会产生太多的情感依赖，可能会在给予技术支持时有所保留。

最后，医生和患者之间缺乏良好的沟通机制，难以实现协同。分级诊疗要求实现对慢性病患者的全过程、个性化治疗，然而自下而上的信息传递是不顺畅的。改革初期缺乏一个信息共享平台对患者信息进行登记、传递和追踪。此外，慢性病患者需要长期观察、全程诊疗以及个性化服务。但是改革初期缺乏健康管理师为患者宣传健康管理知识和提供跟踪式医疗服务。信息共享平台和健康管理师的缺乏阻碍了医患信任关系的建立。

四、"三师共管"缘何破局

（一）分析框架

在历经"医疗集团化"与"1＋1＋X"两次改革失利之后，厦门市创新性地提出"三师共管"模式——以基层全科医师为核心，大医院专科医师助力前行，健康管理师全方面关怀的个性化健康管理模式。该模式实现医疗服务团队与每位患者单独对接，让患者可以和同一个医生团队保持持久、密切的沟通和交流，从而高效地打造出"基层首诊、双向转诊、急慢分治、上下联动"的分级诊疗模式。"三师共管"模式之所以能打破过去"医院放不下、基层接不住、患者不乐意"的困境，是因为厦门市在以往模式的基础上构建起一种多方主体激励相容的机制，激励相容机制下多元协同的实现路径如图4所示。

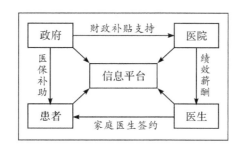

图4　激励相容机制下多元协同的实现路径

（二）激励相容，破解改革困境

1. 对于医院的激励：财政补贴支持

实现分级诊疗的关键在于推动患者分流，这在客观上要求大医院主动将普通患者门诊下放到基层医疗机构，而基层医疗机构则要有能力为患者提供必要的医疗服务。在过去的发展模式中，门诊收入是医院收入的主要来源，因而大医院普遍不愿意将患者主动下放；而基层医院也缺乏改进医疗质量的能力与动力，最终导致综合医院"门庭若市"，而基层医院"门可罗雀"的局面。为有效推行分级诊疗，厦门市主要以财政补贴的形式对医院提供激励。

对于大医院，首先，厦门市改变了工作量定额补助的发放标准，不再强制规定医院门诊工作量，而是实行与分级诊疗绩效挂钩的补助机制。其次，厦门市调整医疗服务价格，以"重技术、重劳务、轻设备"为导向，拉开不同等级医疗机构合理价差，提高了三级甲等医院急诊科、专家门诊的诊查费，使医院能在改革中获得相应的补偿，如每急诊人次财政补助38元，每出院人次财政补助300元。再次，厦门市在改革过程中为大医院参与分级诊疗改革提供了大量的项目资金补贴与支持，如专科医生下基层的经费均由政府提供。最后，为激励大医院主动帮扶基层医院，厦门市试点打造"统一预算、总额预付、超支不补、结余留用"的正向引导激励机制，使得分级诊疗改革推进越深，大医院获得的利益就越多。

而对于基层医疗机构，厦门市在"三师共管"模式中尤为强调"强基层"的重要性，因而为其提供了充足的财政和政策支持，给予了基层医院足够的重视，为其提供了物质与精神上的双重激励。此外，大医院的主动帮扶也为基层医院的医疗质量提升带来了显著的直接效益，为基层医院不断革新发展提供了正反馈。

总之，在政府的运作下，大医院与基层医院的利益处于"捆绑"的状态，形成了推进分级诊疗改革的合力。而这也为其发展提供了良性循环：大医院以慢性病为主的普通门诊就诊人数显著下降，长期人满为患的状态得到了明显改善。同时，大医院逐步恢复以提供危重急症和疑难病症诊疗服务为主的状态，逐渐转向"高精尖"方向发展。基层医院的医疗质量也在不断提高。

2. 对于医生的激励：绩效薪酬

医疗人才是医院的基础，也是分级诊疗体系得以成功建立的关键，而激励医生的关键在于构建有效的绩效薪酬分配机制。对于大医院医生而言，薪酬绩效与分级诊疗绩效的挂钩有效化解了他们对于改革的抵制。此外随着部分岗位晋升需要基层帮扶经历，大医院医生更有动力主动前往基层医疗机构进行交流与技术传授，从而形成了"帮扶基层越多，拿得越多"的激励机制格局。

对于基层医生而言，过去"收支两条线"政策使得基层存在"同酬不同工"的"大锅饭"现象。在这种薪酬体系下，基层医生缺乏积极参与和配合分级诊疗改革的积极性与动力，因而导致基层医疗服务处于"不上不下"的局面。为打破这种局面，厦门市实行基层医护人员绩效差额管理的激励机制，将"三师共管"签约服务费计入额外的绩效考核机制中，鼓励多劳多得。例如，厦门市"三师共管"签约服务费为一人一年120元，而这所有的服务费均用于激励"三师共管"团队成员，并不计入原本的绩效中。此外，按照绩效考察情况，每年的医保结余资金将按规定扣除支出后用于人员激励。在这种情况下，每年"三师共管"团队收入的增幅为3万—6万元。

3. 对于患者的激励：家庭医生签约与医保补助

分级诊疗改革的首要目标是实现患者"基层首诊"，因此引导患者自愿选择基层就诊是分级诊疗体系得以成功建立的核心。为实现这个目的，不仅需要基层医疗服务质量的提高，同时也需要价格杠杆的引导。

过去患者倾向于扎堆综合医院的核心在于基层医疗质量不高，而且很多药品无法在基层医院获取，在这种情况下，很难将患者留在基层医疗机构。为解决这些问题，首先，厦门市采取相应措施应对"基药政策"对基层医疗带来的冲击，调整基层医院的临时用药目录，为接收普通门诊病人奠定了基础。其次，厦门市推出"三师共管"签约服务，大医院专科医生提供专业化服务，基层全科医生满足患者长期、连续的诊疗需求，而健康管理师侧重于健康监测等辅助服务。这种家庭医生签约服务使得患者能在基层更便捷地享受优质的医疗资源，从而也有效激励其选择"基层首诊"。"三师共管"的提出为患者提供了"多、快、好"的服务。

此外，厦门市调整了医保报销比例，积极利用各项价格杠杆引导患者主动到基层就诊。具体表现为患者在基层医院报销比例比大医院高出20%，报销比例达到95%；而"三师共管"签约人群无需支付门诊及住院医疗费的起付标准。同时值得注意的是，"三师共管"模式为患者提供了个性化、连续性的健康服务，降低了慢性病并发症的发生概率，降低了潜在费用，进一步为患者节省了医疗支出。2020年，厦门市家庭医生签约服务77.89万人，签约覆盖率30.64%，居民在签约基层医疗机构的首诊意愿达88.32%。由此可见，患者参与分级诊疗改革的积极性也得到了有效的激励。

4. 对于地方政府的激励：政府形象与政绩

政府是塑造医院、医生与患者之间激励相容机制的主要领导者和推动者，其主要动机源自树立政府形象以及官员对于政绩的追求。政府作为公共物品的主要提供者，其具有为居民提供有效和高质量医疗服务的政府职能。随着分级诊疗改革的推行，厦门市"三师共管"模式有效缓解了"看病累、看病贵、看病难"问题，为厦门市人民提供了"多、快、好"的特色品牌服务。这一改革带来了巨大的社会效益，有助于厦门市政府形象的改善。此外，从公共选择理论的角度出发，政策是自利个人的群体选择，政治行动者在政治活动中追求个人利益的最大化，成功的分级诊疗改革将为地方政府与地方官员带来显著的收益，这也是改革的重要动力来源。2015年，厦门市分级诊疗改革获得第八届中国地方政府创新奖，成为全国医改唯一获此殊荣的项目。厦门市的改革试点经验也得到了中央政府的高度认可，并由国务院向全国进行了宣传与推广。这些收益均为政府继续深化改革提供了激励。

5. 激励相容机制的基础：信息共享下的信任

在过去的改革中，主体间信息不对称与缺乏信任是改革失利的重要原因，尤其是在分级诊疗改革中，医患之间的信任是改革成功的重中之重。厦门市"三师共管"模式取得巨大成就的一个核心基础在于利用信息化平台建构起不同主体之间交流的桥梁，有效塑造了集体信任感，使得激励相容机制能有效实行。

厦门市以"厦门 i 健康"应用为抓手打造了一体化的厦门市民健康信息系统，不仅满足了医患之间高效、便捷沟通的需求，同时实现了医疗卫生服务的智能化管理，有助于信息共享。在这一信息平台的加持下，患者能及时准确知道自身情况，从而对医生的医疗建议有自己的认知，医生则能清晰地知道自身的绩效情况。此外，该平台为"上下联动"提供了便利，节约医疗资源与医保费用的同时，提高了基层的医疗质量，有助于实现"基层接得住"。政府部门则可以通过该平台准确掌握分级诊疗改革的成效，为进一步深化改革提供针对性支持。总之，信息平台有效缓解了过去信息不对称所导致的"道德风险"问题，为政府、医院、医生与患者之间的激励相容机制提供了成功运行的可能性。

综上，在"三师共管"的基础上，政府、医院、医生与患者四个主体之间形成了激励相容机制，建立起"一荣俱荣，一损俱损"的关系，有效实现了协同治理，并在信息技术的加持下，实现了分级诊疗成效的扩散。

五、成效：全国分级诊疗改革的典范

（一）医防融合：共同守好健康之门

"吹尽狂沙始到金"，如今，厦门市的分级诊疗已形成了较为完善的体系，改革成效也十分显著。2015 年、2016 年、2017 年、2018 年厦门市基层医疗机构连续 4 年门诊量分别较前一年同比增长 44%、37%、16%、34%。2021 年，厦门市基层医疗机构门诊量达 1858.9 万，相比 2012 年增长 96.3%，基本实现了"小病在社区"，基本解决了群众"看病累、看病贵、看病难"的问题。

回首改革之路，不难发现，"医"与"防"的结合使厦门医改达到了"1 + 1 > 2"的效果，群众的健康之门被牢牢守住。

（二）扩分级之效

截至 2021 年初，厦门市进行家庭医生签约的居民近 80 万人，覆盖近 31% 的厦门人口。签约居民在所签约的基层医疗机构进行首诊的意愿超 88％，对签约机构的综合满意度高达 96％。

2023 年 1 月，厦门市启动了新一轮的家庭医生签约服务，此轮签约服务对象已不限户籍，所有在厦参保人群均可办理。同时市二级以上医院全科、专科医生将试点加入基层签约团队，发挥专家优势开展业务培训、适宜技术推广、居民健康管理与健康咨询答复等工作，根据辖区居民多发疾病，普及健康知识，提供更优质的签约服务。分级诊疗改革将继续惠及更多群众，护佑全民健康。

六、改革总结与政策启示

（一）厦门市分级诊疗改革的特征

1. 以慢性病为突破口，推动基层首诊

厦门市坚持"慢病先分、两病起步"的策略，从糖尿病和高血压病做起，逐步扩大慢性病、常见病、多发病的分级诊治范围。通过柔性引导、差别化配套机制，鼓励患者在基层就诊，提高基层医院的服务。

2. 以"三师共管"为创新模式，加强上下联动

厦门市实施"三师共管"模式，即由大医院专科医生、基层全科医生和健康管理师共同管理患者的健康。通过建立信息平台、双向转诊制度、远程会诊等方式，实现了基层与上级医院之间的有效沟通和协作。

3. 以"医防融合"为重要举措，提升公共卫生服务水平

厦门市将分级诊治与公共卫生服务相结合，强化了对慢性病人群的健康教育、管理和干预。通过开展健康档案建设、健康体检、健康促进等活动，提高了群众的自我保健意识和能力。

4. 以政策支持为保障条件，落实分级诊治责任

厦门市出台了一系列政策措施，包括调整医保支付方式、优化资源配置、完善绩效考核等，明确了分级诊疗制度改革的目标、任务、措施和保障机制，有效促进了分级诊治工作的顺利开展。厦门市同时建立起分级诊疗工作领导小组，统筹协调各部门职能，明确了各级各类医院在分级诊治中的定位和职责，并加强了监督评估和社会宣传。

5. 以"信息共享"为关键手段，提高服务管理效率与相互信任水平

厦门市基于医疗健康大数据，打造"厦门 i 健康"应用，推进全市统一的电子健康档案和电子病历系统的建设和应用。厦门市制定了相关技术标准和管理规范，实现了患者信息和诊疗记录在不同层级医疗机构之间的无缝对接和互联互通。厦门市为大医院专科医生、基层全科医生和健康管理师提供了一个协同平台，有助于实现信息共享和远程会诊，患者可以方便地查询自己的健康数据和就医情况，医生可以及时地获取患者的既往史和转诊信息，从而提高了服务效率和质量。

（二）政策启示

1. 分级诊疗改革应充分协同各方

首先，需要地方与中央实现府际协同。作为分级诊疗制度建设的试点城市，厦门市在探索过程中需要因地制宜进行自主创新。与此同时，厦门市还需落实国家层面的政策。这意味着府际政策有时存在冲突。厦门市为如何实现府际协同提供了很好的示范。当厦门市探索"医疗集团化"一体化管理时，国家层面出台的"收支两条线"和"基药政策"直接导致改革措施无法推行。厦门市积极适应新的政策环境，在保证合法性的情况下运用经济手段消除政策冲突带来的负面影响。这启示地方政府遇到府际政策冲突时，综合运用各种手段消除其负面影响更有助于降低自主创新的成本。

其次，需要地方各主体协同。其中地方政府、医院、医生等服务提供者之间应形成良好的合作关系，共同推进分级诊疗改革。而作为服务提供者的主体还应与服务接收者——就诊患者形成良好的互动，增进双方的信任，实现"医院放得下、社区接得住、百姓乐意去"的改革目标。总之，分级诊疗改革应充分协同各方，通过府际协同、各主体协同等方式，推进医疗体系的健康发展，提高患者医疗体验和医疗效果。

2. 综合性改革应采用软手段建构起激励相容机制

厦门市分级诊疗改革是一个多方利益相互博弈的过程，往往"牵一发而动全身"。因此，改革路径的选择至关重要，手段过分强硬可能导致改革成本过高、改革阻力太大、长效机制难以建立。厦门市从慢性病入手，利用"医疗集团化"和"1＋1＋X"模式逐渐过渡，发展到"三师共管"而后逐步扩大病种和群体，循序渐进推进，问题逐个解决，如此有助于纾解矛盾。此外，分级诊疗执行机制较少依赖强制性的行政权威，而更多利用经济杠杆、多种手段进行激励，这提高了各主体配合改革的主动性和参与的满意度，有利于建立分级诊疗长效机制。

参考文献

［1］ 哈肯. 协同学:大自然构成的奥秘［M］. 凌富华,译. 上海:上海译文出版社,2005.

［2］ 黄严,张璐莹. 激励相容:中国"分级诊疗"的实现路径——基于 S 县医共体改革的个案研究［J］. 中国行政管理,2019(7):115-123.

［3］ 曾渝,黄璜. 数字化协同治理模式探究［J］. 中国行政管理,2021(12):58-66.

[4] 刘美萍. 重大突发事件网络舆情协同治理机制构建研究[J]. 求实,2022(5):64-76,111.

[5] 钱再见. 论公共政策冲突的形成机理及其消解机制建构[J]. 江海学刊,2010(4):94-100,239.

[6] 姚泽麟. 政府职能与分级诊疗——"制度嵌入性"视角的历史总结[J]. 公共管理学报,2016(3):61-70,155-156.

[7] 柴茂,刘璇. 跨域水污染协同治理 SFIC 修正模型研究——来自太湖流域的证据[J]. 湘潭大学学报(哲学社会科学版),2023(1):98-105.

[8] 刘建生,陈鑫. 协同治理:中国空心村治理的一种理论模型——以江西省安福县广丘村为例[J]. 中国土地科学,2016(1):53-60.

[9] 刘颖,王月华. 基于 SFIC 模型的我国体医融合推进困囿与纾解方略[J]. 沈阳体育学院学报,2021(4):1-7,41.

[10] 钟正东,杨孝灯,吴德武,等. 三明市医共体支付方式改革的协同治理模式及效果分析——以尤溪县总医院为例[J]. 中国卫生政策研究,2022(3):1-8.

[11] Ansell C, Gash A. Collaborative governance in theory and practice[J]. Journal of Public Administration Research and Theory, 2008, 18(4): 543-571.

[12] Hurwicz L. The design of mechanisms for resource allocation[J]. The American Economic Review, 1973, 63(2): 1-30.

冉芷艺　顾秦一
谷世佳　耿文琪
杨　珍　潘阳阳
朱文婕

指尖化险："微党建"何以引领"大应急"

——基于东中西部6个省级行政区18市的实地调查

一、引言

（一）研究背景

1. "大应急"是风险社会城市社区应急治理的趋势所向

党的二十大明确指出要"建立大安全大应急框架，完善公共安全体系""提高城市规划、建设、治理水平"。当前城市规模的不断扩大使得城市社区安全问题日趋复杂与不可控，传统的"被动式应急"不再能够满足基层应急治理的需要，我国的应急治理体系在实践的驱动下也逐渐走向了全流程的、主动的"大应急"阶段。推动"大应急"工作有序开展，这既是推进城市社区治理现代化的关键，又是城市社区治理发展的趋向。

2. 党建引领"大应急"是夯实基层治理根基的题中应有之义

重大突发事件应对是世界上每一个执政党都要面临的试卷，也是其执政能力的真实写照。在治理重心不断下移、治理流程趋于全面的背景下，"大应急"所提倡的全过程均衡、关口前移、多主体协作等理念都需要党组织来协调指挥。把握好党建在"大应急"时代的引领功能，是提升基层应急治理水平、夯实治理根基的重中之重。

作者简介：冉芷艺，中国矿业大学本科生；顾秦一，南京大学博士研究生；谷世佳，吉林大学硕士研究生；耿文琪，南京大学硕士研究生；杨珍，中国矿业大学硕士研究生；潘阳阳，华中科技大学硕士研究生；朱文婕，中国矿业大学硕士研究生。

3. 拓展"微党建"是党建引领基层应急治理的新兴路径

无线通信与智能移动设备的普及开启了移动互联新的时代篇章，党建工作也必须紧随时代步伐，以新媒体为契机，大力发展"微党建"。[1]尤其在风险社会和"大应急"时代背景下，城市社区应急治理在统一领导、统一指挥、综合协调、信息共享、支持配合等方面面临着更为严峻的挑战。加强现代信息技术应用，不断创新拓展基层"微党建"，对提升基层应急治理水平具有重要意义。

（二）研究意义

1. 理论意义

第一，对"微党建"何以引领"大应急"进行实践总结和理论梳理。当前，党组织充分利用智慧技术推动社区应急治理的方式创新已经在实践层面"遍地开花"。然而理论层面仍然缺乏对于"微党建"引领城市社区应急管理的深刻理论阐释。本研究有利于从应急治理层面对"微党建"的内涵和外延进行拓展，建构"微党建"引领"大应急"的逻辑进路。

第二，从全周期视角出发，考察基层党建引领社区应急治理的过程创新。在应急管理全过程中，任何一个关键阶段的缺失或弱化都可能导致应急管理实践的重大失败，造成不可逆转的人员伤亡、财产损失或社会失序。[2]本文基于罗伯特·希斯的4R危机管理理论，从缩减、预备、反应、恢复阶段出发，强调"微党建"引领社区建立从预防到学习的管理过程，进而拓展基层党组织的应急维度。

2. 实践意义

从宏观层面，基层治理是维护国家公共安全的重要基石。社区是我国经济社会发展和民生领域突出矛盾和问题的汇集地，是彰显为人民服务宗旨、化解多元矛盾纠纷的最及时、最直接的场域，实现基层社区的长治久安对夯实国家公共安全基石具有重要作用。

从中观层面，基层"微党建"是提升城市安全治理现代化的重要途径。社区是城市的细胞，也是城市灾害来袭的"最后一公里"。统筹城市社区应急治理，有助于筑牢城市生命线，守护城市居民安康。

从微观层面，加强基层"微党建"是社区治理现代化的重要抓手。基层党建推动党组织向基层延伸、向纵深发展，从而把党的组织优势、制度优势转化为治理优势和治理效能，为社区治理提供坚强后盾。"微党建"通过加强信息化建设，以社区居民需求为导向，从而促进党建工作与社区治理的深度融合，推动社区治理现代化。

二、破题："微党建"引领城市社区应急治理的研究设计

（一）概念界定

1. "微党建"

当前，"微党建"在全国已有广泛实践，并在基层治理领域成绩斐然。如潮州市以精品化党建微项目为切入口，着力构建共建共治共享的城市基层治理新格局。[3]嘉陵区通过采取开设公众号、党员微信群、QQ群，开发手机在线答题平台抓牢"微教育"。[4]通过梳理权威新闻媒体及学术论文，本研究发现：广义上，微党建是指在不同方面从小处着手发挥党建的引领作用，如微平台、微视频、微党课；狭义上，"微党建"主要是将"互联网＋"优势渗透于应急管理每一个过程。本研究采用"微党建"的狭义内涵，强调"微党建"是基层党组织利用新媒体平台与"互联网＋"手段，在社区应急管理的全流程中发挥作用。

2. "大应急"

"大应急"这一概念在实践与学术层面都具有丰富的内涵与外延。实践上，"大应急"指适应现代社会实际需求、满足多部门协调作战的全灾害管理模式；学术上，多数学者强调"大应急"这一概念蕴含的全过程管理思维。张海波强调从全灾害管理走向全过程管理是综合应急管理发展的一般趋势[2]。张晓君、王伟桥指出应急管理部的建立在实质上是对灾害过程中联系更为紧密的几个阶段进行了"多阶段管理"[5]。基于此，本研究将"大应急"界定为对突发事件进行防灾减灾、应急准备、应急响应和灾后恢复的全阶段综合管理，并依据罗伯特·希斯的4R危机管理理论，将"大应急"分为缩减（reduction）、预备（readiness）、反应（response）和恢复（resilience）四个阶段。

（二）研究思路

本研究通过考察背景、聚焦主题、考察现状、丈量水平、总结问题和提出对策六个步骤对"微党建"引领"大应急"的逻辑进路进行较为全面的研究，研究思路如图1所示。

1. 考察背景

基于当前科技革命对党组织引领社区应急治理方式的深刻影响，洞察基层党组织在社区应急治理中的结构功能优势，综合政策分析、文献梳理、案例研究，对"微党建"引领"大应急"的背景进行描绘。

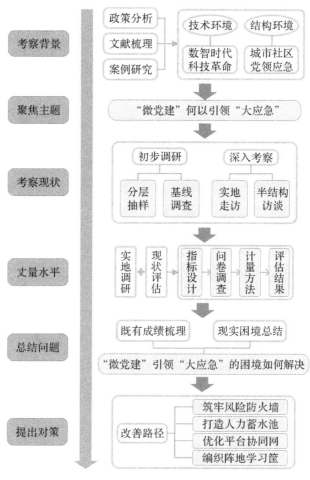

图 1 研究思路

2. 聚焦主题

在前期文献综述和现实观察的基础上，探究目前基层党组织引领城市社区应急管理研究存在的空白以及"微党建"的显著特征，并在学术界已有研究的基础上对于党建引领与社区应急治理双向嵌入进行考察，完成对于本研究主题的聚焦。

3. 考察现状

现状考察综合运用定量与定性的研究方法，通过实地访谈和问卷数据诠释城市社区应急管理的客观现实。

4. 丈量水平

在 4R 危机管理理论的指导下，对东部、中部、西部 6 个省级行政区 18 市进行问卷调查，用熵权 TOPSIS（technique for order preference by similarity to idea solution）法对目前城市社区应急管理的现实图景进行描述，为之后的问题发现提供基本参照。

5. 总结问题

根据综合数据分析结果和实地调研、访谈资料进行综合考量，总结分析出"微党建"引领的城市社区应急管理目前所面临的突出问题及深层原因。

6. 提出对策

基于4R危机管理理论框架提出系统的、操作性较强的对策建议，为党组织更好地利用数智技术发挥引领作用献计献策。

（三）技术路线

1. 研究方法

本研究综合运用文献研究法、规范研究法、问卷调查法和田野调查法等多种研究方法（见图2）。通过查阅文献，对本研究的问题、学术界的研究现状以及实践情况进行了界定，并充分借鉴已有的优秀成果。本研究运用规范研究法，探究"微党建"引领城市社区应急治理的现实困境背后的原因，并提出具体的优化路径。通过对城市部分社区的社区居民、社区工作人员、社区志愿者进行问卷调查，了解目前"微党建"引领"大应急"的现实图景以及仍然存在的具体问题。通过对城市社区居民、社区工作者进行访谈，实地观察"微党建"引领的社区应急治理现状，为分析党组织状况及其面临的问题提供资料支撑。

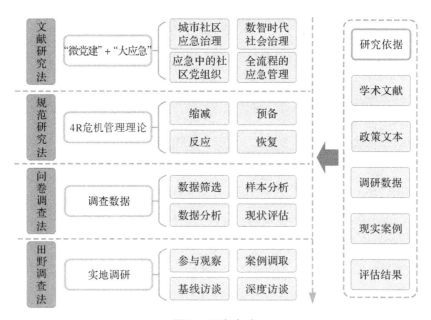

图2　研究方法

2. 调查取样

具体调查环节，本研究遵循"面—点—线"的技术路线，第一阶段从横断

"面"上对具有代表性的6个省级行政区18市的"微党建"引领城市社区应急治理的状况进行问卷调查；第二阶段采用实地走访、半结构化访谈等定性研究方法，进行深入的定"点"研究；第三阶段运用政策分析和比较分析法，比较固定调查点的阶段差异，进行"线"的调查。

三、承题："微党建"引领城市社区应急治理的现状评估

（一）评估指标

本研究中所选取的"微党建"引领城市社区应急治理的现状评估指标，主要来自4R危机管理理论的内涵，包括缩减、预备、响应和恢复四阶段。缩减作为城市社区大应急的核心阶段，强调社区党组织从环境、结构、系统和人员方面着手降低风险；预备阶段的主要任务是预警和监测，即建立危机预警机制与信息传递机制；响应是指当危机来临时，能及时做出应对策略，包括危机沟通、媒体管理、决策制定等内容；恢复指的是危机得到控制后，对全过程进行总结反思，主要包括对危机事件影响的分析、消除影响的措施行动以及危机管理的经验积累。基于这一概念界定的内容，结合部分学者关于社区技术治理生成逻辑的相关研究，本研究共选取了12个三级指标对"微党建"引领城市社区应急治理的现状进行评估，具体指标说明如表1所示。

表1 "微党建"引领城市社区应急治理的现状评估指标

一级指标	二级指标	三级指标
缩减力	风险评估	社区党组织对社区风险进行评估与排查
	管理策略	社区党组织针对潜在风险制定、公开预案与制度规范的情况
	队伍建设	社区党组织引领下的应急队伍建设
预备力	监测预警	社区党组织利用数字技术监测突发事件并发布预警信息
	教育培训	社区党组织线上培训社区应急和志愿服务力量
	资源储备	社区党组织利用在线系统统计和规范管理社区应急资源
响应力	组织动员	社区党组织运用信息技术引导、激励居民、企业、社会组织参与应急工作的情况
	资源调配	社区党组织运用信息技术获取资源、协调资源的情况
	信息沟通	社区党组织运用信息技术与各主体获取信息资源、进行信息公开的情况
恢复力	策略制定	社区党组织为促进社区恢复进行调查与策略制定
	恢复手段	社区党组织通过各种措施促进基础设施、社区秩序、居民心理的恢复
	反思学习	社区党组织运用技术总结汲取应对应急事件的经验

（二）评估工具

目前学界主要使用层次分析法、熵权法、综合评价法、TOPSIS 综合评价等方法，对社区韧性状况进行量化评估。整体来看，学界评估方式偏简单且评估工具较少，难以解释复杂现状。而熵权 TOPSIS 作为熵权法与 TOPSIS 法联用形成的综合评价法，评估更为多样、全面、客观，适合多组评价对象，且操作过程更为灵活方便，符合本研究东部、中部、西部 6 个省级行政区 18 市调查样本量大且指标多样复杂等要求，故选取熵权 TOPSIS 法评估"微党建"引领城市社区应急治理的现状，以下是评估具体步骤。

1. 建立标准化矩阵

假设社区韧性治理状况的原始数据矩阵为：

$$\boldsymbol{V} = \begin{bmatrix} v_{11} & v_{12} & \cdots & v_{1n} \\ v_{21} & v_{22} & \cdots & v_{2n} \\ \vdots & \vdots & \ddots & \vdots \\ v_{m1} & v_{m2} & \cdots & v_{mn} \end{bmatrix} \tag{1}$$

本研究采用归一化方法对原始数据进行标准化处理，具体标准化处理的方法如公式（2）所示，标准化矩阵如公式（3）所示：

$$r_{ij} = \frac{v_{ij} - \min\ (v_{ij})}{\max\ (v_{ij})\ -\min\ (v_{ij})} \tag{2}$$

$$\boldsymbol{R} = \begin{bmatrix} r_{11} & r_{12} & \cdots & r_{1n} \\ r_{21} & r_{22} & \cdots & r_{2n} \\ \vdots & \vdots & \ddots & \vdots \\ r_{m1} & r_{m2} & \cdots & r_{mn} \end{bmatrix} \tag{3}$$

公式（1）中，$\boldsymbol{V}$ 为原始数据矩阵。公式（2）中，v_{ij} 为第 i 个被访者在第 j 个指标的初始值。公式（3）中，$\boldsymbol{R}$ 为标准化后的评价矩阵，r_{ij} 为第 i 个被访者在第 j 个指标的标准化值；$i = 1，2，\cdots，m$，其中 m 为被访者的人数；$j = 1，2，\cdots，n$，其中 n 为评价指标的个数。

2. 计算熵值

第 i 个被访者的熵值 e_i 计算结果如公式（4）所示：

$$e_i = -k \sum_{j=1}^{n} p_{ij} \cdot \ln p_{ij} \tag{4}$$

公式（4）中，调节系数 $k = \dfrac{1}{\ln n}$，$p_{ij} = \dfrac{r_{ij}}{\sum\limits_{j=1}^{n} r_{ij}}$。

3. 确定熵权

熵权法能综合考量指标变异程度，客观反映其重要性，其计算方法如公式（5）所示：

$$w_i = \frac{1 - e_i}{m - \sum_{i=1}^{m} e_i} \tag{5}$$

4. 构建基于熵权的评价矩阵

为进一步提高社区韧性治理状况评价矩阵的客观性，本研究借助加权思想，运用熵权 w_i 构建加权规范化评价矩阵 Y，公式（6）为 Y 的计算公式：

$$Y = \begin{bmatrix} y_{11} & y_{12} & \cdots & y_{1n} \\ y_{21} & y_{22} & \cdots & y_{2n} \\ \vdots & \vdots & \ddots & \vdots \\ y_{m1} & y_{m2} & \cdots & y_{mn} \end{bmatrix} = \begin{bmatrix} r_{11} \cdot w_1 & r_{12} \cdot w_1 & \cdots & r_{1n} \cdot w_1 \\ r_{21} \cdot w_2 & r_{22} \cdot w_2 & \cdots & r_{2n} \cdot w_2 \\ \vdots & \vdots & \ddots & \vdots \\ r_{m1} \cdot w_n & r_{m2} \cdot w_n & \cdots & r_{mn} \cdot w_n \end{bmatrix} \tag{6}$$

5. 确定正负理想解

设 Y^+ 为评价数据中第 i 个被访者在第 j 个指标中的最大值，称为正理想解；Y^- 为评价数据中第 i 个被访者在第 j 个指标中的最小值，称为负理想解，其计算方法如公式（7）和公式（8）所示：

$$Y^+ = \left\{ \max_{1 \leq i \leq m} y_{ij} \mid i = 1, 2, \cdots, m \right\} = \left\{ y_1^+, y_2^+, \cdots, y_m^+ \right\} \tag{7}$$

$$Y^- = \left\{ \min_{1 \leq i \leq m} y_{ij} \mid i = 1, 2, \cdots, m \right\} = \left\{ y_1^-, y_2^-, \cdots, y_m^- \right\} \tag{8}$$

6. 计算距离

本研究采用欧氏距离作为距离的计算公式，令 D_j^+ 为第 i 个被访者与 y_i^+ 的距离，D_j^- 为第 i 个被访者与 y_i^- 的距离，具体的计算方法如公式（9）和公式（10）所示：

$$D_j^+ = \sqrt{\sum_{i=1}^{m} \left(y_i^+ - y_{ij} \right)^2} \tag{9}$$

$$D_j^- = \sqrt{\sum_{i=1}^{m} \left(y_i^- - y_{ij} \right)^2} \tag{10}$$

7. 计算评价对象与理想解的贴近度

令 T_j 为第 j 个指标的贴近度，取值范围介于 0 到 1 之间。当 $T_j = 0$ 时，社区韧性治理状况最差；当 $T_j = 1$ 时，社区韧性治理状况最好。社区韧性治理状况的计算如公式（11）所示：

$$T_j = \frac{D_j^-}{D_j^+ + D_j^-} \tag{11}$$

（三）评估结果

在完成问卷收集和数据整理之后，本研究依据熵权 TOPSIS 法，运用 MATLAB 软件对我国"微党建"引领城市社区应急治理的现状进行测度，同时从总体水平以及不同维度分别展示了"微党建"引领城市社区应急治理的现状评估指数（见表2）。根据对相关评估标准的整理与分析，测算体系将"微党建"引领城市社区大应急治理的现状划分为5个等级，构成了5个区间 [0，0.2）、[0.2，0.4）、[0.4，0.6）、[0.6，0.8）、[0.8，1），其中每个区间分别对应 Ⅰ级（非常差）、Ⅱ级（较差）、Ⅲ级（一般）、Ⅳ级（较好）、Ⅴ级（非常好）共5个等级。以下是具体评估结果分析。

表2　"微党建"引领城市社区应急治理的现状评估指数

分类	权重系数（w）	贴近度（T_j）	状态
缩减力	0.2562	0.3753	较差
预备力	0.2198	0.4244	一般
响应力	0.3107	0.4908	一般
恢复力	0.2133	0.3510	较差
总体	1	0.4156	一般

1. 总体性评估

经测算，我国"微党建"引领城市社区应急治理的现状的贴近度 T_j 为 0.4156，处于一般的状态，这表明"微党建"引领城市社区应急治理仍需进一步改进。在城市社区的全流程应急治理工作中，党组织发挥着枢纽作用，通过"微党建"，利用其已有的优势和资源统筹多元主体与多方资源，应对突发事件带来的风险，在不断适应环境的同时实现反思学习与创新。同时我们也应看到党组织在领导社区应急时对技术的运用与发展仍停留在数据和设备，未能与实际业务场景以及现实应急需要形成良好的互动，致使社区面对缩减受限、预备不力、响应滞后、恢复缓慢等困境，党建效能难以充分发挥。在城市社区风险环境不断恶化的情况下，社区党组织应进一步利用技术手段，强化党建引领作用，加强全流程应急管理，促进社区应急治理的效能提升。

2. 分维度评估

如表2所示，"微党建"引领城市社区应急治理的各项维度的权重系数 w 和贴近度 T_j 整体比较接近，在部分数据上有细微差别。从四个维度的权重系数来看，响应力（0.3107）＞缩减力（0.2562）＞预备力（0.2198）＞恢复力（0.2133），熵权法根据指标的变异程度来确定客观权重，响应力是四个维度中变异程度最大的。在"微党建"引领城市社区应急治理成为共识和未来趋向时，社区党组织跟随环境进行互动调整就成为影响社区应急治理具体效能的关键因素，这也是不同的社区最容易出现跃迁和分化的环节。

在四个维度的贴近度 T_j 方面，响应力（0.4908）＞预备力（0.4244）＞缩减力（0.3753）＞恢复力（0.3510），其中响应力和预备力是在社区实际应急治理中良好的能力，而恢复力是较为薄弱的能力。"微党建"引领社区应急治理的效能有了显著的提升，但与之相关的体制机制尚未健全，技术与环境未能实现良好的互动，制约了社区全流程应急治理的深度发展。

缩减力维度。缩减力指在缩减阶段从环境、结构、系统、人员等方面着手进行危机缩减治理的能力，以降低风险与威胁、减少危害时间，从而缩减危机的爆发力、冲击力与破坏力。表2显示缩减力维度的贴近度为0.3753，代表缩减力表现较差。其中风险评估、管理策略和队伍建设的贴近度分别为0.4264、0.4798、0.3744（"微党建"引领城市社区应急治理缩减力维度评估见表3）。这反映出目前党组织需要重点关注社区应急治理的风险评估与队伍建设，运用技术手段尽可能及时、准确地对社区所面临的威胁、存在的弱点及其造成的影响进行分析。同时，在治理策略方面也需持续提升，以信息技术赋能应急管理"关口前移"，为后续应急工作打好基础，尽可能地缩减风险发生的可能性与破坏程度。

表3 "微党建"引领城市社区应急治理缩减力维度评估

维度	权重系数（w）	贴近度（T_j）	状态
风险评估	0.4198	0.4264	一般
管理策略	0.3217	0.4798	一般
队伍建设	0.2585	0.3744	较差

预备力维度。预备力指在预备阶段针对突发事件进行各类防范准备工作的能力，其中包括监测预警、教育培训和资源储备等活动，从而使得各主体做好处理危机情况的准备。表2显示预备力维度的贴近度为0.4244，代表预备力表现一般。其中监测预警、教育培训和资源储备的贴近度分别为0.4574、0.4048、0.4221（"微党建"引领城市应急治理预备力维度评估结果见表4）。具体而言，当前技术运用不足，导致不少应急预备工作停留在表面，如预警工作不及时、资源储备不丰富，社区应急防范准备不够细致深入等。预备力维度的各项工作能够为城市社区应急治理的后续工作提供基础层面的信息，但目前而言仍有巨大潜力等待挖掘。

表4 "微党建"引领城市社区应急治理预备力维度评估

维度	权重系数（w）	贴近度（T_j）	状态
监测预警	0.3925	0.4574	一般
教育培训	0.2542	0.4084	一般
资源储备	0.3533	0.4221	一般

响应力维度。响应力强调在响应阶段合理运用各种资源的能力，在尽可能短的时间内做好组织动员、资源调配、信息沟通等，以遏制危机恶化、降低危机损失，表2显示响应力维度的贴近度为0.4908，代表响应力表现一般。具体来看，组织动员、资源调配、信息沟通的贴近度分别为0.4213、0.4122、0.3825（"微党建"引领城市社区应急治理响应力维度评估见表5），说明党组织通过"微党建"组织动员居民、居委会、社会组织等多方主体响应危机、调动资源情况较好，但通过数据手段充分获取信息了解危机以及和上级部门、居民的沟通情况较差。大数据与云计算提升了应急响应的效率，但"微党建"引领城市社区的应急响应不仅需要引进技术加强合作，更需要应急响应每一个环节的交互信息。

表5 "微党建"引领城市社区应急治理响应力维度评估

维度	权重系数（w）	贴近度（T_j）	状态
组织动员	0.3510	0.4213	一般
资源调配	0.3325	0.4122	一般
信息沟通	0.3165	0.3825	较差

恢复力维度。恢复力是在恢复阶段科学系统总结评价本次经验与教训的能力，以有序恢复危机前的社会秩序，并开展反思学习，为今后的危机管理提供支持，表2显示其总体贴近度为0.3510，是"微党建"引领城市社区应急治理中最薄弱的能力。具体来看，策略制定、恢复手段、反思学习三方面的贴近度分别为0.4045、0.3845、0.4322（"微党建"引领城市社区应急治理恢复力维度评估见表6），其状态为一般、较差、一般。说明通过技术手段基层党组织可以全面地研判危机造成的损失和影响，并制定有针对性的恢复重建计划。同时信息通讯加强了基层党员之间的信息沟通与反馈，通过鉴别信息与汲取知识经验并不断学习积累，更好应对灾害的能力增强，但恢复措施的全面性与恢复手段的多样性仍有待完善。

表6 "微党建"引领城市社区应急治理恢复力维度评估

维度	权重系数（w）	贴近度（T_j）	状态
策略制定	0.2985	0.4045	一般
恢复手段	0.3610	0.3845	较差
反思学习	0.3405	0.4322	一般

四、解题："微党建"引领城市社区应急治理的现实困境

（一）"微排查"悬浮化，危机缩减受限

"微排查"目的在于聚焦基层风险隐患，消除或控制对公共安全造成威胁的危险源，在危机发生之前控制风险，预防事故，减少破坏性影响。但社区应急"微排查"悬浮化调查结果显示（见图3），9.2%的居民对社区党组织利用线上平台对社区风险进行评估与排查评价为"非常差"；10.9%的居民认为，社区党组织利用线上平台公示应急信息情况"非常差"，从侧面反映了社区线上智慧平台的闲置空转问题，社区党组织对应急信息的线上更新速度并不能达到居民满意的程度；13.3%的居民对社区应急队伍利用智慧技术进行风险排查的意识和能力满意度"非常差"，数智技术、信息平台等应用并不广泛，使得社区技术信息收集、管理传递工作仍然靠传统人力方式，使信息技术不能充分应用于城市社区应急治理的缩减阶段。

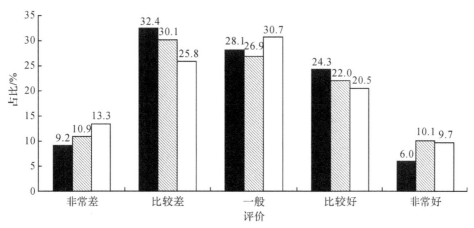

图3 社区应急"微排查"悬浮化调查结果

（二）"微培训"形式化，危机预备不力

当前，社区两委围绕岗位职责、突发事件报告内容、信息处置流程以及应急值班工作等业务内容开展应急"微培训"。应急知识相关教育虽使社区党员对突发事件的预防能力有了一定程度的提升，但也存在形式化和非专业化的问题。"微培训"成为不少社区应急人员刷课时、刷态度的工具，其应急素养并没有随着培训课时的增加而增加。同时，当前社区应急培训的专业性较弱。社区应急"微培训"形式化调查结果显示（见图4），10.8%的居民对社区党组织引入专业机构开展线上应急知识讲座的情况评价"非常差"。社区组织应急培训可以通过政府渠道如应急管理局宣传讲座或者社会组织渠道如联合公益组织举办应急活动等方式展开，虽然社区应急培训渠道、培训活动越来越多，并且通过"微培训"弥补了培训时间上的不匹配问题，但居民和社区工作人员的应急素养和危机预防能力并未提升，根本原因在于内容的形式化和笼统性，这一困境亟待思考并解决。

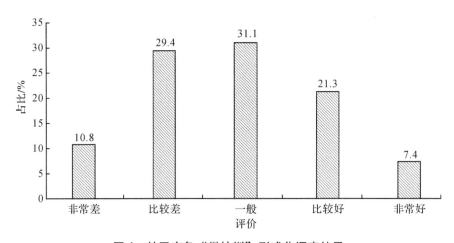

图4　社区应急"微培训"形式化调查结果

（三）"微网格"低效化，危机响应滞后

当前社区，"微党建"引领的网格化应急治理存在一定的管理制度上的不完善，技术运用与网格化模式存在衔接不畅等问题。"微党建"引领的突发事件多元主体应急协同响应制度体系尚不完善。社区应急"微网格"低效化调查结果显示（见图5），突发事件中多元主体技术协作、合作动员的效率情况不佳，19.5%的居民对此持"非常差"态度。18.4%的受访居民对于突发事件中社区利用平台及时公布信息回应居民诉求的情况持"非常差"态度。14.1%的居民认为社区通过平台激励居民参与应急志愿服务情况"非常差"。可见，为了更好地提升应急响应能力，基层党组织仍需重视志愿力量的激励与开发，应完善相关志愿激励条例，充分激发居民对于社区应急的志愿精神。

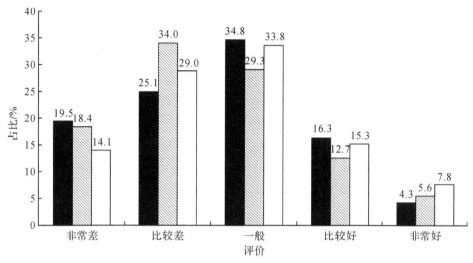

图5　社区应急"微网格"低效化调查结果

（四）"微阵地"梗阻化，危机恢复缓慢

恢复重建是公共危机事后管理的重要内容，然而在"微党建"引领的社区危机恢复环境仍存在"微阵地"梗阻问题，并进一步影响社区的全面恢复。社区应急"微阵地"梗阻化调查结果显示（见图6），在应急恢复"微阵地"的搭建过程中，

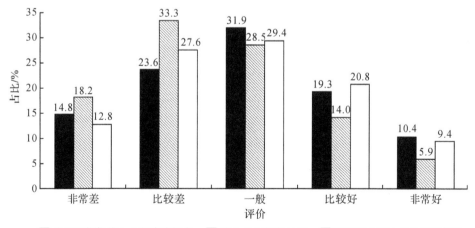

图6　社区应急"微阵地"梗阻化调查结果

针对灾后社区为居民提供线上心理咨询服务情况，14.8％的居民选择了"非常差"。18.2％的居民认为社区线上公开恢复计划情况"非常差"。这反映出社区在危机恢复阶段与居民的沟通较差，并未做到信息的公开透明。居民是灾害重要的利益相关者，社区在制定灾害恢复的计划，应当吸纳居民参与共同的决策过程。对居民关注的灾后安置补偿政策，基层党组织应该给予及时回应，在社区微信群或者微信公众号上及时公布。12.8％的居民认为社区通过线上平台总结汲取经验情况"非常差"。清晰明了的事故总结反思报告将增加社区公信力，增强居民对于基层党组织开展应急恢复的信心，也有助于抑制与灾害有关的次生舆情风险。

五、答题："微党建"引领城市社区应急治理的优化路径

（一）筑牢风险防火墙，增强社区应急缩减力

在应急管理的第一环——缩减阶段，通过基层党组织引领的"微排查"来及时避免危机的爆发具有重要意义。为了筑牢风险防火墙、增强社区应急缩减力，社区党组织要在以下三方面进行提高。一是要提高社区工作人员应急排查的思想认识。提高风险防范意识，时刻牢记"安全无小事"，坚持做到"防患于未然"。提高责任落实意识，按照各省市应急管理相关政策层层压实主体责任，加强对社区党员干部的监督考核，不可让社区风险防范目标成为纸上空谈。二是弥补社区风险防范弱势部位。继续推进智慧基建工作，构建起社区应急一体化监测系统，以专业设施设备对社区隐患及风险源进行整体感知和提前预判，及时识别和汇总隐患信息，实现社区风险防范的智能化、精准化，并注重将应急信息、相关新闻及时进行公示，方便居民知晓。三是加强社区风险防范多元主体共建网络。要充分利用智慧技术将业主委员会以及物业公司等治理主体吸纳到治理应急网络中，达到应急主体多元化的模式需求；同时注重动员群众参与，当被动员者知道社会动员对自己、社会的益处时，个体才会主动参与合作。[7]党组织要积极动员社区居民参与社区危险隐患的排查工作，给予主动报备、细致排查的居民一定的激励。

（二）打造人力蓄水池，提升社区应急预备力

重处置轻预防、"头痛医头，脚痛医脚"的传统应急管理体制已无法有效应对当前多样性、复杂性、关联性日益增强的风险环境。[8]因此要重视应急预备环节，坚持党建引领，下好社区应急治理的"先手棋"，关键从以下三方面入手。一是提高基层党员干部和社区居民应对公共危机的相关素养。通过灵活多样的"微培训"让社区党员做到临危不乱、组织有序。强化依法应急管理意识，依托微信小程序举行党员内部知识竞赛，避免出现违反政策法规、侵犯居民权利问题。推动具有专业

化知识技能的应急管理工作人员下沉到社区，配合党员发挥其在突发公共事件预防、监测和处置阶段的应对作用。同时也可以积极组织居民通过在线学习、集中学习等方式提升自己的应急素养。二是以大党委为中心，以数智技术激活社区社会资本，挖掘社区内生力量。要想更好地激活社区预备能力，需要以党委为核心挖掘社区内部信息，对社区内部脆弱性心中有数。统筹社区人力资源、社会资本，发挥居民的社会网络关系，把社区居民、社会组织、企事业单位纳入信息平台，以党建激活社区内生力量。三是基层党组织也可以依托数智技术提升资源链接能力。可以通过大数据平台夯实自身资源链接能力的合法性、物质和数据基础，促进资源链接的协议化、高效化。"微党建"平台尊重居民差异化的个体知识与能力，以社交网络为基础，设计简单实用的信息沟通渠道，更有利于应急物资信息的链接互通。

（三）优化平台协同网，强化社区应急响应力

社区应急响应效能与社区党组织的领导和响应力息息相关。切实强化社区应急响应力，基层党组织需要以技术化手段为抓手搭建起社区应急网络平台，通过基层党组织的网络延展效应将社区居民纳入社区应急治理的领域范围，以平台建设加强集体行动的协同力量。一是注重建设"微党建"多元主体协同管理平台，为多元主体搭建一体化信息化平台，构筑基层社会治理协同体系。借助信息化平台，企事业单位、志愿者专业救援团队等多元主体可以实现以手机等移动设备为终端的信息共享，实时监测救援地的物资、获取人员供应情况，以便协同开展应急救援。二是注重建设"微党建"引领的应急指挥协调平台，以统一指挥推动应急响应高效开展。依托于统一的应急指挥平台，社区党组织发挥领导作用，统一指挥、统筹协调，加强沟通联动，做出关键决策，改善社区应急工作中的九龙治水难题，提升社区应急工作的核心动员能力。三是注重多元主体志愿精神的激发，注重培训优秀应急志愿服务队伍。社区党组织应以"微党建"为抓手，线上线下灵活开展志愿服务应急专业能力培训，打造一支受党领导、政府主导、社会参与、法治保障、依托企业、"平急结合"的专业化、常备化志愿服务应急救援队伍，并纳入相应信息平台，时刻待命。

（四）编织阵地学习筐，巩固社区应急恢复力

社区恢复力是社区面对逆境后呈现出的顽强生命力，有效的社区应急管理方案应该建立在对于社区恢复力充分认识的基础上，并且做好危机事后的学习反思。巩固构建韧性社区所需要的强大的恢复力[9]，社区党组织需要进行以下三个方面的提升。一是向内危机反思。社区党组织可以依托党员工作站、社区服务中心、微信公

众号、社区业主群等"微阵地"平台，定期推送社区应急相关理论与案例、开展应急知识竞赛与培训、组织先进突发事件处置经验交流会等，让社区工作人员养成主动学习、更新应急理念与方法的习惯，让社区居民掌握一定自救互救能力，以提升危机恢复效能。二是向外危机学习。当危机得到一定控制后，基层党组织应当联合相关领域专家、社区工作人员等及时对应急全流程进行回顾与反思，梳理本次突发事件应对全过程中出现的问题、漏洞以及可借鉴的经验成果，并与以往同类事件进行对比，同时对现有的应对策略进行完善，为之后可能出现的危机提供更有效的制度供给。三是技术嵌入学习。现代信息技术的进一步下沉是大势所趋，社区党组织应顺势而为，吸收先进技术理念，利用数智技术打造可视化社区学习平台，将社区应急典型案例和应对策略纳入平台智库，日常信息存储更加安全，阵地学习、危机应对时调取相关资料更加便捷。

六、结论与展望

随着信息科技的不断发展，基层党组织建设与新媒体平台、"互联网＋"等充分融合，为加强社区全流程应急治理提供了新的途径。为进一步探讨基层党组织如何利用新兴技术手段赋能城市社区全流程应急治理，本研究基于4R危机管理理论，综合运用定量与定性的研究方法开展调研，得出当前"微党建"引领"大应急"成绩显著，但同时也存在"微排查"悬浮化、"微培训"形式化、"微网格"低效化、"微阵地"梗阻化等问题，使得危机缩减受限、预备不力、响应滞后、恢复缓慢。对此本研究提出"微党建"引领城市社区应急治理的优化路径，包括筑牢风险防火墙以增强社区应急缩减力、打造人力蓄水池以提升社区应急预备力、优化平台协同网以强化社区应急响应力、编织阵地学习筐以巩固社区应急恢复力。

此外，本研究主要探讨"微党建"引领"大应急"现状的静态结构，缺乏时间动态分析等内容，这也是未来研究有待继续深化的内容。当前"微党建"仍然在为基层应急治理持续发力，加强现代信息技术应用，不断创新拓展基层"微党建"，对提升基层应急治理水平与效能具有重要意义，值得学术界和实践领域的进一步关注。

参考文献

［1］ 王巍巍．基层"微党建"的三重主张［J］．人民论坛，2018(21)：110-111.

［2］ 张海波．应急管理的全过程均衡：一个新议题［J］．中国行政管理，2020(3)：123-130.

［3］ 潮组．"微党建"激发基层治理新活力［N］．潮州日报，2020-03-16(1).

［4］ 胡佳，唐彪．"五个微"促进基层"微党建"［N］．广元日报，2017-04-25(B01).

［5］　张晓君,王伟桥.走向"大应急"？机构改革以来应急管理制度的变革与形塑——基于综合应急管理的视角［J］.湖北社会科学,2021(4):25-35.

［6］　鲁毅恒.突发公共卫生事件下社区网格化管理完善路径——以 D 市 Z 社区抗击新冠肺炎疫情为例［J］.国际公关,2022(22):91-93.

［7］　雷晓康,刘冰.应急管理常态化体系构建:框架设计与实现路径［J］.甘肃行政学院学报,2020(6):57-65,126.

［8］　陈潭,梁世杰.组织动员、社区学习与应急治理——社区公共卫生应急治理的响应范式与实践逻辑［J］.社会科学,2021(12):37-44.

［9］　王杰,陈义平.新时代推进韧性社区建设的实践经验与议题聚焦——基于党建引领社区治理的考察［J］.湖北社会科学,2022(5):57-63.

财政金融

金雪军
刘建和
蔡淑佳

当前我国经济运行中的挑战与突破的对策

2024 年 3 月，全国两会《政府工作报告》提出"经济持续回升向好的基础还不稳固""国内大循环存在堵点，国际循环存在干扰"，在"世界经济增长动能不足"的背景下稳固中国经济可持续发展尤为重要。为此，本文针对当前国内外双循环的五处挑战进行分析：美方实施单边制裁和经济胁迫、房地产三大核心矛盾相互交织、内在稳定性有所提升的股市仍需制度呵护、地方基层面临债务风险与稳增长的双重挑战，以及部分行业产能过剩、供需失衡。因此，为进一步稳定经济金融的有序发展、改善社会预期、化解风险隐患，针对上述挑战，本文提出五点建议：第一，鼓励个人、企业做好风险评估与预案，加强跨境合规意识与管理举措，增强涉外专项的风险研究与把控，重视风险预警与预案演习，加大对本土企业自主创新的制度支持。第二，稳中求进、以进促稳，供给端渐进式恢复房地产企业主体信用，恢复融资可能；需求端改善居民的收入预期，激发房地产扩大需求。长短期政策相结合，促进房地产软着陆。第三，提高上市公司质量，加强投资者教育，完善法治建设，有效引导市场预期，构建金融业新发展格局。第四，财政、金融、地方协同发力，进一步落实化债方案，既要着眼当前债务风险，又要防范长远债务危机，实现标本兼治。第五，坚持"先立后破"原则，供给、需求同时发力，稳步推进产业技术迭代和转型升级。

一、当前我国经济运行过程中的挑战

2024 年初，我国经济处于温和复苏阶段。不过，逆全球化思潮加快付诸实践，地缘政治风险增加。我国经济稳步恢复过程中面临诸多挑战，这些挑战主要表现在

作者简介：金雪军，浙江大学公共政策研究院执行院长，浙江省公共政策研究院执行院长、教授；刘建和，浙江财经大学教授；蔡淑佳，浙江财经大学硕士研究生。

以下五个方面。

（一）美方实施单边制裁和经济胁迫

2023 年，地区冲突不断，中美等大国博弈日益激烈，从国际贸易领域来看，美国继续加强对出口管制和经济制裁的监管措施，美国财政部采用"去风险"（De-Risk）的指导原则，出台一系列出口管制措施以阻止我国获取先进技术、设备，并不断将我国特定实体加入管制与制裁名单，并与其盟友合力对我国展开"俱乐部式制裁"措施。2024 年 2 月 23 日，美国、欧盟、英国以"涉俄"为由制裁了 21 家中国企业。2024 年 3 月 6 日，美国参议院国土安全委员会听证会以 11∶1 的票数通过美国《生物安全法案》，其核心目的在于禁止美国政府及其实际控制的企业与生物医药产业链企业（包括生物技术企业）签订合同，并希望进一步禁止美国政府与使用或购买上述企业设备或产品的企业签订合同。这也意味着中国企业将面临更大的进出口贸易风险和更严格的尽职调查。2024 年 3 月 13 日，美国众议院以 352∶65 的压倒性票数通过了《保护美国人免受外国对手控制应用程序侵害法》。该法案要求字节跳动公司必须放弃其对 TikTok 短视频应用的控制权，否则美国将封禁 TikTok 应用。2024 年 3 月 14 日，为了遏制成本低廉的快时尚产业迅速占领消费市场，法国议会通过了一项针对中国快时尚品牌希音（Shein）等的新提案。

当前美方及其联盟的关注焦点是中国应用程序收集的海量信息，"科技战"主战场逐渐转向数据，这可能会给拼多多旗下跨境电商平台（Temu）等中国应用程序带来潜在影响。美国对华实施的打压遏制措施给中美关系稳定与发展带来直接冲击，受影响的中国企业如何在外部技术供给不足、"走出去"跳板战略失灵的情形下实现核心技术自主创新，成为其所面对的重大挑战。同时，随着科学技术和经济社会发展的加速渗透融合，有关策略与应对措施不仅关乎企业和战略性产业的生存与发展，也关乎我国在全球新一轮科技革命和产业变革中的角色定位。

（二）房地产三大核心矛盾相互交织

2023 年，中国房地产市场整体低迷，楼市复苏动能不足，销售回款未有明显起色，2024 年 1—2 月，中国房地产市场继续承压，整体保持低位运行。根据克而瑞数据，2023 年，全年百强房企实现销售操盘金额同比降低 16.5%。此外，2023 年，仅 16 家规模房企全口径规模超千亿元，千亿级房企数量较 2022 年的 20 家、2021 年的 43 家进一步减少。而 2024 年 1—2 月，百强房企实现销售操盘金额继续下降，2 月同比降幅较 1 月扩大近 15 个百分点，同比降幅达到 48.8%。2024 年 2 月，百强房企各梯队销售门槛值较 2023 年同期降低 38.1%，仅为 7 亿元，达到近几年最低水平。

当前房地产市场存在三大矛盾点，即住房估值偏高、市场预期偏弱、库存水平偏高。

在住房估值上，中国核心城市平均租金回报率低于国际核心城市水平，住房估值相对更高。根据中国房地产协会旗下中国房价行情网数据和全球最大生活信息网站 Numbeo，中国一线城市租金回报率不足 2.1%，市中心和非市中心的平均住宅租金回报率分别为 1.3% 和 1.5% 左右。从全球范围来看，租金回报率明显低于纽约、伦敦、柏林、多伦多等主要欧美城市和东京、新加坡、河内、新德里等主要亚洲城市。

在市场预期上，住房估值回落消化完成前，房价持续下跌会形成继续降价的预期，使得市场预期进一步偏弱。国家统计局公布数据显示，2023 年，全国房地产开发投资较 2022 年下降 9.6%。70 个大中城市中，仅有 7 个城市环比上涨、20 个城市同比上涨。二手房市场除成都小幅上涨 0.5% 外，其余城市均普遍下跌，2023 年房地产开发景气指数整体呈下行态势。在此基础上，央行发布的城镇储户问卷调查显示，2024 年第一季度，16.3% 的居民预期"上涨"，低于 2023 年四季度的调查结果（16.8%），市场预期偏弱，需进一步提振居民信心。

在库存水平上，房地产开发企业房屋施工面积远大于销售面积，新建商品房待售面积增长，住房空置率较高，库存较大。根据国家统计局公布的数据，2023 年房地产开发企业房屋施工面积 838364 万平方米，住宅施工面积 589884 万平方米，商品房销售面积 111735 万平方米，且 2023 年末新建商品房待售面积 67295 万平方米，比上年增长 19.0%，住宅待售面积增长 22.2%。住建部原副部长仇保兴曾发表观点称"当前我国住房空置率已达 15%，有的省份达到 25% 甚至 30%"①，空置率居高不下不仅浪费社会资源，也体现了当前房地产市场供求关系的失衡。

随着城市化进程的放缓和人口流动增速的下降，叠加政策调整和市场的变化，房地产市场的投资属性逐渐减弱而居住属性逐渐增强，因此房地产市场分化趋势或更显著。一线及部分二线城市，凭借资源集聚能力和发展潜力吸引外来人口，在政策利好的加持下仍可稳定房价预期；而三、四线城市经济增速缓慢，人口外流趋势明显，但房地产市场供大于求，房价存在下跌隐患。

（三）内在稳定性有所提升的股市仍需制度呵护

2023 年全球主要股指均呈现不同程度上涨，而 A 股市场表现承压，沪指两次跌破 3000 点，2024 年 2 月春节股市有所好转，大盘处于筑底反弹过程中。万得（Wind）数据显示，上证综合指数在 2023 年下跌 3.70%，沪深 300 指数下跌

---

① 中国房地产网. 住建部原副部长仇保兴：城镇化面临 12 个拐点，稳房地产是稳经济也是稳财富［EB/OL］.（2022-06-30）［2024-03-01］. http：//www.creb.com.cn/cj/177439.jhtml.

11.38%，深证成份股指数下跌 13.54%，创业板指数下跌 19.41%，香港恒生指数下跌 13.82%。从平均市盈率角度看，两市 A 股处于持续低估状态，已下探至 2014 年以来的历史底部。而在 2024 年 1 月，股市出现了异常波动，当月非理性下跌，创下了史上第二大月度跌幅。A 股市场的低迷将不断损害投资者信心。

中国股市内外受压，美联储加息对股市冲击巨大，房地产行业深度调整使得相关产业链的股票表现均受到影响，同时恶意做空、股东及高管减持风险、欺诈造假等事件反映出的创新与监管失衡问题将进一步损害 A 股市场的内在稳定性。Wind 数据显示，2023 年 8 月至 2023 年 12 月，中美国债到期收益率倒挂导致我国陆港通渠道资金一直是净流出状态，人民币兑美元汇率贬值，国际形势复杂多变对股市健康发展创造了新的挑战，结果是 A 股走弱。同时，2024 年 2 月证监会发布公告称发现多起涉嫌操纵市场恶意做空的案件，非法获利超 2 亿元。伴随着恶意做空、欺诈造假、减持套现、侵占挪用等一系列事件，不仅投资者利益受到严重损害，金融风险也不断攀升。

正因如此，2024 年 3 月 15 日，证监会会同有关方面制定出台了《关于严把发行上市准入关从源头上提高上市公司质量的意见（试行）》《关于加强上市公司监管的意见（试行）》《关于加强证券公司和公募基金监管加快推进建设一流投资银行和投资机构的意见（试行）》以及《关于落实政治过硬能力过硬作风过硬标准全面加强证监会系统自身建设的意见》等 4 项政策文件，推动维护股市稳定和保护投资者利益。显然，A 股市场目前稳定性有所提升，但仍需制度查漏补缺进行呵护。

（四）地方基层面临债务风险与稳增长的双重挑战

地方债务规模总体呈增长态势，部分地区广义债务率增长规模较大，地方债务防范化解方案有待进一步细化和落实。根据财政部发布的数据，2023 年，全国发行新增债券 46571 亿元，发行再融资债券 46803 亿元。在全国范围内，2023 年，地方政府债券的发行规模高达 93374 亿元，首次超过 9 万亿元，增长率达 26.8%。iFind 数据显示，云南、甘肃、广西、天津区域广义债务率均超 900%，其中广西柳州、云南昆明、甘肃兰州等区域的广义债务率在本就较高的基数上仍有超过 20% 的幅度增长，债务压力进一步加大。截至 2024 年 3 月 1 日，同时披露一般公共预算收入、地方政府债务余额数据的地市有 223 个。其中，贵州、云南、湖南、甘肃和辽宁等地，政府债务率达到 500% 以上的地市数量占比较高，占比均在四分之三以上，而贵州 9 个地市政府债务率全部在 700% 以上。融资平台或城投公司是隐性债务的主要来源，而在各地两会的《政府工作报告》中，仅有 7 个省份提到融资平台或城投公司的治理问题，12 个重点省份中仅有吉林提到"分类加快融资平台改革转型"，其他省份中也仅有个别省份提到融资平台的处置，隐性债务的有效处置方案仍需引起重视。

（五）部分行业产能过剩、供需失衡

经济"供大于求"的问题较为突出，代表供给端的工业增加值高于预期，而代表需求端的固定资产投资、社会消费品零售总额低于预期，国内需求复苏偏弱，供给扩张幅度大于内需。国家统计局发布报告显示，2023年全年全部工业增加值399103亿元，较三年前增长27.5%；2023年，全国固定资产投资（不含农户）503036亿元，较三年前增长2%；全年社会消费品零售总额471495亿元，较三年前增长20.1%。可见经济恢复虽然稳步向好，但供需失调问题应引起重视。

过剩产能主要依靠外需消化，但外需下行使得产能过剩问题主要集中在部分出口导向型行业中。海关总署发布数据显示2023年出口23.77万亿元，增长0.6%，出口增速较往年明显下降，包括电动载人汽车、锂离子蓄电池、太阳能电池在内的"新三样"出口增长近30%。然而2023年光伏全产业链产品价格均出现大幅度调整，多晶硅、硅片、电池片、组件价格较2022年末分别下跌78.2%、66.6%、72.3%、53.6%；锂电也存在类似的情况，2023年末电池级碳酸锂价格较2022年末下跌81.1%。价格的持续调整也是产能过剩的一种反映。

同时，大宗基础产品和通用材料产能过剩的问题始终存在，产能进一步扩大，总量进一步增加，而利润率和进出口总额呈下降趋势。以大宗基础石化产品为例，尽管我国原油加工量增加、表观消费量增长，但石化行业经济数据却不容乐观。根据中国石油和化学工业联合会发布的最新数据，2023年，我国原油加工量达7.35亿吨，年增长率达9.3%，原油消费量达7.7亿吨，年增长率为8.5%。而国家统计局的数据显示，2023年，我国石化行业面临营业收入、利润总额、进出口总额三重下降的压力。当前大宗基础产品和通用材料产业链发展不均衡，为解决石化行业产能结构性过剩问题，推动行业转型升级、提质增效，应更加注重技术创新能力的提升，致力于打造企业核心竞争力，加快石化行业向绿色低碳、可持续、高质量发展的方向转型。

二、对策建议

2024年两会的召开为中国经济继续向好发展注入强信心、新动能。为进一步稳定经济金融的有序发展、改善社会预期、化解风险隐患，本文针对上述挑战提出五点建议。

第一，鼓励个人、企业做好风险评估与预案，加强跨境合规意识与管理举措，增强涉外专项风险研究与把控，重视风险预警与预案演习，加大对本土企业自主创新的制度支持。具体建议为：一是处于风险中的个人和企业审慎评估形势，尽早采取积极措施。面临风险的个人主动识别制裁认定的可能来源，包括最有可能针对中国当事方实施制裁的司法管辖区（包括美国、英国及欧盟）政府机构，积极准备事

实陈述说明文件，要求更正事实记录。聘请专业法律人士进行合理应对，必要时在关键司法管辖区提起针对性的法律诉讼。二是产业主体应加强供应链管理，构建合规管理体系。企业可以提高自身的应急能力和生产灵活性，建立供应链监控系统，监控供应链的运行状态，及时发现潜在的供应链风险，以确保合规性并降低潜在制裁风险。明确企业的合规政策和程序，并针对出口管制和制裁开展合规培训，提高员工的合规意识，跟踪美国及国际社会的贸易动态、新出规定和相关实践，针对相关领域出台的各项法案与政策进行全程的跟踪研究，结合公司实际情况开展预案演习，建立企业应对类似风险的可复制性经验。三是推动产业主体在产业研发融合度、要素市场建设和多元化方面着力，确保关键技术自主可控。通过增强自身的科技能力来减弱外部制裁的影响，加大研发投入、提高自身的科技水平和核心竞争力，降低对外部技术的依赖，增强企业的可持续发展竞争优势。

第二，稳中求进、以进促稳，供给端渐进式恢复房地产企业主体信用，恢复融资可能；需求端改善居民的收入预期，激发房地产扩大需求。长短期政策相结合，促进房地产软着陆。具体建议为：一是支持不同所有制房企的合理融资需求，防范房地产行业整体资金面承压风险，推动银行等金融机构积极跟进、对接、落实房地产项目"白名单"，一视同仁地支持不同所有制房企融资，加快项目资金落位，推动项目建设，改善房地产企业特别是民营企业的资金流动性。二是落实"保交楼"工作任务，加大保障性住房建设和供给，满足居民刚性和改善性住房需求，稳定市场预期。稳步增加配售型、配租型保障房供给，维护购房人、租房人合法权益，"因城制策、因需施策、一城一策"推动城市更新行动，放开限购政策，提高土地利用效率，激发居民改善性需求。三是进一步提升我国住房保障体系的效率和公平，深化住房制度改革，包括推进预售制度和土地管理制度的改革、实施租购并举策略、完善住房保障体系和金融财税配套制度体系，以确保住房政策的有效性和可持续性。鼓励房企探索运营模式创新，探索代建、物业服务、商业运营、长租公寓等发展模式。支持各地挖掘城市特色，完善引进人才配套政策，促进区域房地产市场健康发展。

第三，提高上市公司质量，加强投资者教育，完善法治建设，有效引导市场预期，构建金融业新发展格局。具体建议为：一是大力提升上市公司质量和投资价值。支持上市公司注入优质资产、市场化并购重组，引导上市公司通过回购注销、加大分红等方式回报投资者。投资者回报低于资本市场融资总额的上市公司，不允许股东减持，引导上市公司激发经营活力，提升自身投资价值。二是机构非自有资金购入流通股，不允许融券卖出。持续加强投资者教育，培育投资者价值投资理念，引导投资者长期投资高现金分红收益率的上市公司，吸引存款资金长期流入资本市场，增加股市中长期资金，维护市场平稳发展。三是推进监管转型，进一步建立违规违法行为的立体化、全链条法律追责体系，提高违法成本。加大监管落实和问责的力度，推动跨部门信息共享，从制度源头解决违法成本低、入罪难等问题，进一步堵住制度漏洞。

第四，财政、金融、地方协同发力，进一步落实化债方案，既要着眼当前债务风险，又要防范长远债务危机，实现标本兼治。具体建议为：一是在遏制隐形债务风险的同时建立政府债务管理的长效机制，完善全口径地方债务监测监管体系，分类推进地方融资平台转型。财政部合理安排再融资政府债券，引导金融机构通过展期、借新还旧、置换等方式化解风险，督促地方将化债方案落到实处，推进地方债务管理机制改革。二是正确把控债务使用方向和支出效率，在高质量发展中实现化债。充分发挥政府债务的能动作用，地方政府正确"开源节流"，提高资金使用效率，推动政府债务和经济发展的可持续循环。三是平衡中央和地方的事权和财权，加快推进中央与地方、省以下财政体制改革。适度上收部分财政事权和支出责任，减轻地方和市县财政支出责任。夯实经济发展基础，控制地方债务规模，降低地方债务风险。

第五，坚持"先立后破"原则，供给、需求同时发力，稳步推进产业技术迭代和转型升级。具体建议为：一是聚焦行业高质量发展，加强顶层设计和政策供给。合理把握产业周期，着力稳定行业良好预期，引导产业合理规划布局，在产能、环保、研发等方面提高准入门槛，支持企业技术创新。聚焦高质量发展的制造业投资，推进智能制造优化，大力培养各行各业新质生产力。二是推动企业出海，鼓励出口目的地多元化，扩大产品需求。稳定居民收入预期，提振居民消费信心。鼓励数字消费、绿色消费、健康消费等新型消费。激发形成促进消费和投资的良性循环，共同推进经济可持续增长。

金　赟
张云箫
孔维莹
童文庆

积极推动公募不动产投资信托基金（REITs）业务助力浙江经济高质量发展

为盘活基础设施存量资产、发挥金融服务实体经济功能，2020 年起我国开始公募 REITs 试点工作。浙江省拥有丰富的基础设施存量资源，也拥有两只成功上市发行的公募 REITs 产品，公募 REITs 实践有效推进。在现已开展工作的基础上，总结取得的成就与存在的问题，结合国际市场经验提出政策建议，对推进公募 REITs 工作有效开展、助力浙江省经济高质量发展具有重要意义。

一、REITs 研究背景与意义

金融对实体经济发展具有支撑作用。习近平总书记指出，"金融是实体经济的血脉，为实体经济服务是金融的天职，是金融的宗旨"[1]，强调"增强金融服务实体经济能力"[2]。党的二十大报告也指出，要"健全资本市场功能，提高直接融资比重"。为了更好地发挥金融服务实体经济的功能，2020 年 4 月 30 日，证监会和国家发展改革委联合发布《关于推进基础设施领域不动产投资信托基金（REITs）试点相关工作的通知》，拉开了我国境内基础设施公募 REITs 试点工作的序幕。此后，国家发展改革委、上海和深圳证券交易所、银保监会等相关部门相继出台有关政策，在试点范围、产品架构、申报条件、申报流程、运作模式、等方面提出了具体

作者简介：金赟，财通证券战略发展部总经理；张云箫，财通证券战略发展部战略管理部经理；孔维莹，财通证券战略发展部研究员；童文庆，浙江大学经济学院博士生。

①　服务实体经济防控金融风险深化金融改革　促进经济和金融良性循环健康发展［N］. 人民日报，2017-07-16（1）.

②　深化金融供给侧结构性改革　增强金融服务实体经济能力［N］. 人民日报，2019-02-24（1）.

的操作指南，有效完善了公募 REITs 发展的配套政策，各项工作有序开展。

基础设施公募 REITs 对我国经济发展具有重要意义。一方面，目前我国基础设施存量丰富、地方债务杠杆较高，基础设施公募 REITs 能有效盘活存量资产，提升直接融资比重，是降低实体经济杠杆、补齐融资短板的有效政策工具。长期来看，基础设施公募 REITs 能更好地发挥资本市场服务实体经济的重要功能，有利于加快形成存量资产和新增投资的良性循环，对我国经济高质量发展有重要支撑作用。另一方面，基础设施公募 REITs 是国际通行的配置资产，能拓宽社会资本的投资渠道，对我国金融市场形成有效补充，有助于构建我国多层次的资本市场体系，为资产管理市场提供新的供给。

国外 REITs 已经有 60 多年的发展历史，经历一系列的政策变更与产品架构变化，REITs 已经形成了成熟稳定的发展模式。我国 REITs 业务从 2020 年正式开展试点工作，至今已有 20 多只产品成功上市，底层资产覆盖了产业园区、保障性住房、收费公路等多个领域，也形成了一定的实践经验。但目前 REITs 的发展仍然存在一些问题，处于边摸索边发展阶段，未形成体系化发展模式，需要进一步分析探索、总结经验。REITs 的发展在我国具有重要的理论意义与实践意义，是我国金融市场完善与国民经济发展过程中不可或缺的部分，因此对 REITs 开展相应研究也具有重要意义。

二、REITs 发展现状

（一）我国 REITs 发展历程

我国对 REITs 的研究起步较晚，步入 21 世纪以来，根据政策和市场的变化，REITs 在我国境内的发展历程大致可以分为三个阶段。

（1）第一阶段：2001—2013 年，处于上下求索、探索研究阶段。这一阶段，我国 REITs 市场以探索和研究为主，一系列政策的颁布与研究小组的成立表明 REITs 已经步入我国政策研究的视野，但是这一阶段境内并没有推出正式的 REITs 产品，实践以境外发行 REITs 为主。

（2）第二阶段：2014—2019 年，处于初出茅庐、类 REITs 尝试阶段。这一阶段，我国 REITs 市场不断成长完善，推出了类 REITs 产品，采用了"私募 + ABS + 项目公司"架构，为我国正式推出公募 REITs 产品提供了实践经验。但是类 REITs 产品的实质仍是债务性融资而非股权性融资，并不能降低债务风险。

（3）第三阶段：2020 年至今，处于试点开闸、公募 REITs 启航阶段。这一阶段，我国的 REITs 市场开始由类 REITs 产品转向正式的 REITs 产品，意味着 REITs 不再是债务性融资而是权益性融资，能够发挥出盘活基础设施存量资产、降低实体经济杠杆、补齐融资短板的重要作用。

我国 REITs 的具体发展历程如图 1 所示。

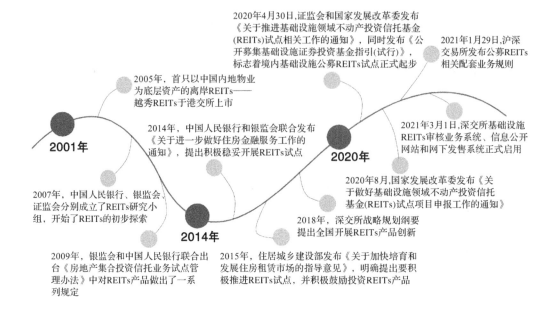

2020年4月30日,证监会和国家发展改革委发布《关于推进基础设施领域不动产投资信托基金(REITs)试点相关工作的通知》,同时发布《公开募集基础设施证券投资基金指引(试行)》,标志着境内基础设施公募REITs试点正式起步

2021年1月29日,沪深交易所发布公募REITs相关配套业务规则

2005年,首只以中国内地物业为底层资产的离岸REITs——越秀REITs于港交所上市

2014年,中国人民银行和银监会联合发布《关于进一步做好住房金融服务工作的通知》,提出积极稳妥开展REITs试点

2021年3月1日,深交所基础设施REITs审核业务系统、信息公开网站和网下发售系统正式启用

2001年

2020年

2007年,中国人民银行、银监会、证监会分别成立了REITs研究小组,开始了REITs的初步探索

2014年

2020年8月,国家发展改革委发布《关于做好基础设施领域不动产投资信托基金(REITs)试点项目申报工作的通知》

2018年,深交所战略规划纲要提出全国开展REITs产品创新

2009年,银监会和中国人民银行联合出台《房地产集合投资信托业务试点管理办法》中对REITs产品做出了一系列规定

2015年,住房城乡建设部发布《关于加快培育和发展住房租赁市场的指导意见》,明确提出要积极推进REITs试点,并积极鼓励投资REITs产品

图 1 我国 REITs 的具体发展历程

（二）我国 REITs 市场情况

1. 整体概述

截至 2023 年 6 月，我国基础设施公募 REITs 市场已上市产品共计 29 只，总市值超过 800 亿元，已经成为亚洲活跃的 REITs 市场。同期，全球发行 REITs 累计超过 900 只，总市值超过 2 万亿美元。

我国采用"公募基金 + ABS（资产支持证券）+ 项目公司"的 REITs 架构，底层资产涵盖收费公路、产业园区、仓储物流、保障性租赁住房等多种类型，募集资金重点用于科技创新、绿色发展和民生等补短板领域，形成了良好的示范效应。从行业分布来看，交通基础设施类资产和产业园区类资产占比最高，在所有资产类型中遥遥领先（我国基础设施公募 REITs 行业分布见图 2）；政策导向性较强的保障性租赁住房以及生态环保类项目增长速度较快。从分布区域来看，我国公募 REITs

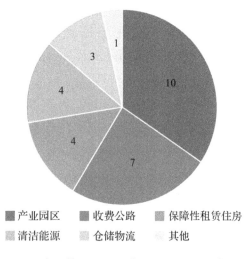

■ 产业园区　■ 收费公路　■ 保障性租赁住房
■ 清洁能源　■ 仓储物流　■ 其他

图 2 我国基础设施公募 REITs 行业分布

资产主要分布在长三角、珠三角、京津冀等经济较为发达的地区，区位集中性相对明显，区域多样性有较大的提升空间。

2. 代表性案例

（1）博时招商蛇口产业园 REIT

博时招商蛇口产业园 REIT 于 2021 年 6 月在深交所正式上市发行，是国内首批上市的基础设施公募 REITs 之一。底层资产为深圳蛇口工业区中蛇口网谷产业园的万海大厦和万融大厦，用途包括了工业、商业、餐饮以及其他相关配套设施，能够产生稳定的经营现金流。

产业园是典型的资本密集型行业，资产的开发周期长、资金需求量大、投资回收慢，传统的融资模式难以满足产业园的资金需求。招商蛇口的债务总体呈现出了逐年递增的态势，增加了企业的债务成本和债务负担，相应的债务风险也随之增加。公司融资来源主要为银行借款和发行债券，但是通过这些模式筹集的资金往往期限较短，难以解决企业的长期资金需求，这也是整个产业园行业发展的难点堵点。基础设施公募 REITs 作为一种新的融资方式，给产业园提供了一种更为稳定、畅通的融资方式，使其通过资产证券化盘活存量资产，有效吸收社会资本，解决融资困难问题。通过发行基础设施公募 REITs，招商蛇口共募集资金 20.79 亿元，在解决企业资金困境的同时，也为整个产业园行业的发展提供了借鉴，有利于整个行业的健康可持续发展。同时，2023 年 6 月，博时招商蛇口产业园 REIT 成功完成定向扩募，募集资金 12.44 亿元，标志着国内基础设施公募 REITs 又向前迈出关键一步。

（2）中金普洛斯仓储物流 REIT

中金普洛斯仓储物流 REIT 是上海证券交易所第一单仓储物流类 REITs 产品，2021 年 5 月通过审核，初始募集资金 58.35 亿元。普洛斯是全球物流业巨头，业务遍布全球各地，管理资产规模超过 1000 亿美元，拥有丰富的基础设施运营经验，并且在海外 REITs 市场中也拥有实践经验，旗下普洛斯日本不动产投资信托基金（GLP J-REIT）已成为日本最大的基础设施 REITs 产品之一。

仓储物流园区投资成本高且资金回收周期较长，导致企业负债压力攀升。目前，行业发展大部分以自有资金为主，外部融资则来自传统的商业抵押贷款、资产支持证券和私募股权融资。仓储物流业的参与者多为民营企业，在取得银行贷款方面处于劣势地位。虽然这些融资渠道一定程度上可以缓解公司的资金压力，但融资来源以债权融资为主，并且私募方式存在较高的门槛，资金需求难以有效满足。公募 REITs 融资是海外仓储物流行业主流的融资方式，在一定程度上弥补了资产支持证券和私募股权融资的缺点，能够优化企业的资本结构，并为后续的融资提供先行条件。中金普洛斯仓储物流 REIT 上市发行公募共募集资金 58.35 亿元，并于 2023 年开展扩募共募集资金 18.53 亿元，极大地缓解了融资困难问题，为整个仓储物流业发展提供了宝贵的经验。

3. 主要特点

当前国内基础设施公募REITs试点工作持续推进，各项配套制度和市场机制正在快速完善。通过初步梳理，可以发现现阶段公募REITs存在以下显著特点。

（1）聚焦基础设施。当前我国经济下行压力较大，有限的地方政府财力和较高的地方政府财政与城投企业债务压力对迫切的"稳增长、促基建"产生了一定制约，亟须探寻新的基建投融资模式，公募REITs正在为基建投融资打开"新空间"。试点阶段基建资产聚焦于交通、能源、市政基础设施、产业园区以及保障性住房。

（2）两部委、双审核。试点阶段公募REITs采用了发展改革委和证监会协同审核项目的方式。国家发展改革委、省级发展改革委审核并判断项目是否符合国家重大战略和产业特征等，并提出专项意见，侧重项目筛选准入以及募集资金用途指导。中国证监会、证券交易所等单位对发行运营等做出规范，并建立发行审核制度，侧重产品制度和规则的完善、审查和中介机构监督。双重审核能保障试点项目质量和产业引导效应，但也导致项目整体审核时间长，流程复杂。

（3）国有项目占比高。试点阶段重点支持了国有成熟运营的基础设施类项目，项目准入严格按照发展改革委出台的试点阶段基础设施公募REITs通知要求。从已发行的项目分布来看，国有企业持有的基础设施类项目占比超过90%，涵盖了收费高速公路、保障性租赁住房、清洁能源等多个领域，仅在仓储物流、产业园等领域有部分民营项目。

（4）示范效应强。国家发展改革委和证监会明确基础设施REITs优先支持补短板行业，包括仓储物流、收费公路、水电气热市政工程等，目前发行的公募REITs均是政策支持的重点领域项目。在政策支持下，已发行项目质量高，发行节奏稳，产生了显著的示范效应。同时，也得到了广大投资者的认可，受到市场的追捧，投资者认购积极性持续高涨。

4. 参与主体

基础设施公募REITs的发行与运营涉及多方主体，主要有原始权益人、基金管理人、资产支持证券管理人、基金托管人、资产支持证券托管人、财务顾问、运营管理机构与其他专业服务机构（基础设施公募REITs示例见图3）。其中，券商由于具备多项业务资质，在众多参与主体中起到了关键性作用。

公募REITs业务链涵盖投行、财务顾问、资产管理、公募基金、基金代销、自营投资等等，包含发行端、产品端和发售投资端三个方面，是一项综合型券商业务。其中，发行端证券公司以投行或财务顾问角色主导REITs申报和发行，在该领域表现较为突出的券商有中信证券、中金公司；产品端证券公司旗下资管公司和公募基金公司承担了管理人角色，是整个产品结构的核心环节，同时具备公募和资管牌照的公司具有一定优势，在该领域表现较为突出的券商有国君资管；发售和

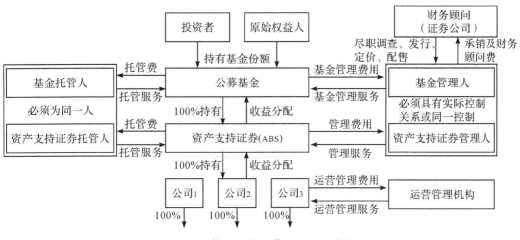

图 3　基础设施公募 REITs 示例

投资端证券公司财富中心和营业网点可以参与 REITs 代销，券商自营或产品资金可以参与 REITs "打新" 和二级市场投资，在该领域表现较为突出的有华金证券。总体来看，头部券商凭借自身优势在试点发行阶段占据了显著优势，中小券商则借助区域优势抢得头筹。目前，与 ABS 业务基本相同，境内主流券商开展公募 REITs 的协同机制主要分为三种：一是公司总部直接管理 ABS 牌照，优势是公司债券部门所需承担的协同成本相对较低，部门间的沟通及目标更为密切和一致，这种模式占比最高；二是债券部门与资管子公司合作模式，由资管公司持有 ABS 牌照，根据业务贡献度分配收入，公司债券部门需要承担一定的通道成本；三是外部机构合作模式，占比最少。

（三）浙江省 REITs 发展情况

截至 2023 年 5 月，浙江省共有浙商沪杭甬高速 REIT 与和华夏杭州和达高科产业园 REIT 两只基础设施公募 REITs 成功上市发行，对应的资产类别分别是高速公路和生物医药产业园。其中，华夏杭州和达高科产业园 REIT 于 2022 年 12 月在深圳证券交易所上市，是浙江省第二单正式上市的公募 REITs 项目，也是全国第一只 "生物医药＋孵化器" 的公募 REITs，其标志着浙江省在建立多层次资本市场取得重要阶段性成果。

和达高科产业园 REIT 采用了 "公募基金＋ABS＋项目公司" 的交易结构，这是现有法律规定下最可行的架构。具体来看，首先实行孵化器项目股权归集与和达药谷一期项目资产重组，孵化器公司将少数股东权益转让至和达高科，和达药谷一期项目重组至和达药谷一期公司；接着和达高科全资设立特殊目的机构/公司（SPV 公司），并由和达高科持有 SPV 公司 100% 股权；然后和达高科和中信证券（代表资产支持专项计划）签署《SPV 公司股权转让协议》计划拟受让和达高科持有的

SPV100%股权；最后 SPV 公司与万海投资签署《和达药谷一期公司股权转让协议》，万海投资拟将和达药谷一期公司 100% 的股权转予 SPV 公司，中信证券与和达高科签署《孵化器公司股权转让协议》，和达高科拟将孵化器公司 100% 的股权直接转予专项计划。上述步骤完成后，和达药谷一期公司反向吸收 SPV 公司，SPV 公司注销，和达药谷一期公司继续存续，SPV 公司原有的对资产支持计划的债务下沉到项目公司。至此，资产支持专项计划直接持有和达药谷公司和孵化器公司的股权和债权，形成了"股＋债"结构，基金整体架构见图 4。

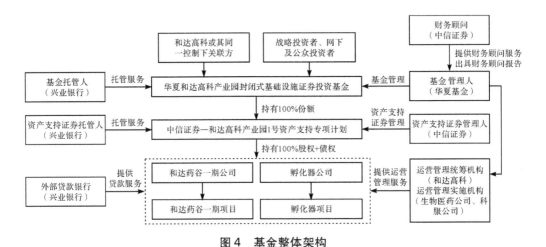

图 4　基金整体架构

资料来源：基金招募说明书。

　　浙江基础设施公募 REITs 高速发展的背后，离不开浙江省政府的支持。从基础设施公募 REITs 试点工作开展以来，浙江省注重地方实际，对照国家要求，谋划公募 REITs 试点的政策体系、目标体系、工作体系和评价体系。浙江省人民政府办公厅发布的《2023 年浙江省扩大有效投资政策》指出，要"强化存量资产盘活，支持各地探索创新资产盘活政策，科学设定盘活方式，支持符合条件的高速公路、水利等项目，开展基础设施领域不动产投资信托基金试点，加强项目配套支持，对符合条件的盘活项目落实好国家财税金融政策支持"。2023 年 4 月 12 日，浙江省副省长张雁云带队赴北仑霞浦创业园，走访调研宁波经济技术开发区基础设施 REITs 情况；5 月 9 日，张雁云又实地调研长三角（嘉兴）科创金融服务中心等地，提出要围绕科创园区建设，加强对 REITs 的研究，积极运用 REITs 盘活资产、扩大投资。

　　浙江省丰富的基础设施存量资产也为开展 REITs 试点提供了现实基础。根据各地各部门的初步摸排，目前浙江省具备盘活条件的资产规模约为 2000 亿元。分类别来看，2024 年浙江省计划建设 20 万套保障性租赁住房，嘉兴保障性租赁住房 REITs 已经试点启动，保障性租赁住房 REITs 在浙江省的市场需求广阔。在工业基础设施方面，宁波、义乌等地有较多仓储物流基地，浙江省级工业园区超过 7000 个，大量的园区不动产存在盘活的现实需求。在浙江省尤其是杭州市范围内，互联网公司聚集，配套互联网数据中心（IDC）搭建完备，IDC 项目发展成熟。道路基础设施方面，浙江省收费公路里程超过 5000 公里，交通基础设施规模庞大，且未来新增投资规模依然较为可观。此外，浙江共有 20 家国家 5A 级旅游景区，旅游景区类资产的 REITs 空间巨大。

长三角地区是国家重点鼓励的公募 REITs 试点地区，在长三角地区内部，不同省份间公募 REITs 的发展情况也呈现出一定差异。以江苏省为对照，截至 2023 年 6 月，江苏省已有国家电投新能源 REIT、江苏交控 REIT、苏园产业 REIT 以及安东久新经济 REIT 四只产品上市发行，底层资产涉及了新能源电力、收费高速公路以及产业园区，而浙江省目前只有两只 REITs 产品正式上市。江苏省的 REITs 走的是"强政府"发展模式，国有企业发达，并且工业基础雄厚，苏州、无锡与南京城市都有大规模的国家级产业园。在这种经济背景与产业结构下，江苏省发行公募 REITs 具有独特的优势：一是产业园区数量多、规模大，国有企业经营稳定性高，行业也以高端装备制造业、信息类软硬件业和生物医药业等新兴产业为主，能为园区提供稳定的现金流收益，产业园类资产更易符合公募 REITs 对资产的要求；二是江苏工业产业发达，用电需求强劲，带动了风电、光电等清洁能源的发展，尤其是海上风电规模位居全国首位，为发行公募 REITs 提供了丰富的资产选择。而浙江省市场经济发达，民营经济在全省经济发展中占据了重要地位，与江苏省相比，大规模的龙头企业相对较少，产业园区规模与数量也不及江苏省。浙江省发展公募 REITs 的优势在于：一是浙江省是共同富裕示范区，对保障性租赁住房高度重视，未来可以为公募 REITs 提供丰富的资产；二是浙江省物流体系发达，因此仓储物流资产丰富；三是浙江省多丘陵地形，水库众多，水电站存量资产丰富；四是公募 REITs 的发行可能涉及不同部门、不同层级之间的交流协作，浙江是深化服务型政府与数字政府建设的有力实践者，能提升行政效率，为 REITs 产品上市做好保障。

三、REITs 发展存在的问题

（一）底层资产存在的问题

1. 存量基础设施资产庞大但满足发行条件的资产占比不高

现有政策规定，基础设施 REITs 发行需满足以下条件：资产规模不少于 10 亿元，具有稳定的现金流和长期租赁合同，并且租赁期应不少于 10 年。此外，还对基础设施的类型进行了明确规定。在过去的很长一段时间里，中国经济高速增长依赖基础设施建设和房地产行业拉动，形成了数量庞大的基础设施和房地产存量资源。但是，一方面，不是所有的基础设施存量资源都满足发行条件，许多基础设施资源规模较小，或者现金流不稳定，无法上市发行；另一方面，商业地产在我国房地产存量资源中占据了很大的比例，但是现行的政策并未将商业地产纳入 REITs 发行的项目类别之中。因此，在现行政策体系下，我国虽然基础设施资产数量庞大，但是满足发行条件的优质底层资产占比并不高。以浙江省为例，据初步统计，截至 2023 年 9 月，浙江省具备盘活条件的资产规模约为 2000 亿元，与过去的基础设施和房地产市场投资金额相比占比并不高。

2. 优质资产产权转移会透支未来收益，原始权益人积极性或许不高

监管部门对 REITs 发行的资产做出了严格的要求，满足发行条件的一般为优质资产，具有良好的现金流。而根据发行要求，REITs 发行过程中需要将资产所有权转移至 ABS，原始权益人丧失了对该优质资产的所有权，这一过程涉及了资产出表问题。若选择不出表，则企业需要持有较大比例的基金份额，企业净融入的资金规模相对较小；若选择出表，则企业资产负债表的资产规模有所下降，有助于企业向轻资产运营模式转型，但是会对未来的财务报表增长产生压力，同时由于优质资产减少，可能会降低企业的信用评级，对企业未来的债务性融资产生影响。因此，现阶段企业将 REITs 作为一种新的融资方式，而与其他的融资方式相比，REITs 在利率方面并没有太大的优势并且过程较为复杂，原始权益人对 REITs 的积极性可能不高。

（二）申报发行过程存在的问题

1. 部分基础设施资产产权不明晰，可能影响资产初始权属的合规性判断

由于一些历史性因素，部分基础设施资产可能存在着产权不明晰的问题，或者证件手续有所缺失，导致资产初始权属的合规性难以判断。由于基础设施 REITs 申报发行过程中涉及所有权转移，因此资产初始权属难以判断会对发行造成很大困难，需要调节多级政府、多方部门共同解决，导致整个过程周期较长、效率低下。此外，部分行业还存在着所有权、经营权和管理权分离的现象，如将水库的经营权转租承包给其他企业，增加了所有权转移过程中的复杂性。

2. REITs 产品架构复杂，参与机构较多

试点阶段，我国公募 REITs 参照以往的类 REITs 架构，采用了"公募基金 + ABS + 项目公司"的契约制模式。具体来看，公募基金公开发售一个 REITs 产品，该产品通过基础设施资产支持证券持有项目公司所有股权，基金通过资产支持证券和项目公司等载体取得项目完全所有权或经营权，拥有全部控制权和处置权，呈现出公募基金 100% 持有资产支持证券，资产支持证券 100% 持有项目公司，项目公司持有底层资产的格局。这主要是由于受《中华人民共和国证券法》等法律要求限制，如公募基金不得购买非上市公司股权、资产支持证券产品只能私募发行等，因此这种模式是在中国现行法律体系下最能够顺利推动 REITs 试点的办法。这种模式

的问题在于结构层级较多，在当前中国 REITs 配套政策不完善的前提下，每多一层结构就意味着成本的增加和效率的削弱。

3. 未满足税收中性，存在重复收税问题

当前公募 REITs 的产品结构复杂，导致存在重复征税问题。在我国现行税收制度下，基础设施资产实施资产重组以及后续的所有权转移都涉及税收问题，而收入所得还需缴纳增值税及印花税、所得税等，造成公募 REITs 的收益较低，可供分配金额比率低于国际市场同行。虽然 2022 年我国出台了相关税收政策，但是只涉及部分行业和相应重组及设立阶段的企业所得税，仍有很多痛点尚未解决。税收问题使得原始权益人参与 REITs 发行的积极性和投资者进行 REITs 资产配置的热情降低，不利于 REITs 市场的长久发展。

（三）上市管理过程存在的问题

1. 募集资金使用监管较弱，扩募机制较不完善

推进基础设施 REITs 的目的之一是盘活存量资产，形成存量资产和新增投资的良性循环，因此募集的资金使用途径尤为重要。目前虽然对回收资金做了规定，但是并未对实际资金投向展开追踪、检测和管理，新增投资的预期效果尚未达到，不利于形成良性循环。REITs 扩募相当于上市公司进行再融资，有利于进行底层资产的扩充，形成优质的资产池，使投资者拥有更优质与丰富的投资标的。但根据现有规定，基础设施公募 REITs 扩募仍需要进行类似首次发行的层层审核流程，对原始权益人其他优质资产的注入形成阻碍，不利于 REITs 资产质量的持续提升。目前上市的基础设施公募 REITs 产品中，仅有两只产品成功完成了扩募。

2. REITs 资产管理要求高，专业的运营管理水平仍需提高

REITs 资产对管理人管理要求高，需要专业的运营管理水平，市场处于初级阶段，物业公司的运营水平仍有进一步提升空间。为保持资产的运营水平，现有基础设施 REITs 一般继续聘请原资产管理人运营管理。我国基础设施的主要投资者为政府，易形成垄断经营，竞争意识弱，管理水平较低，经济效率有待提升。同时，REITs 持有人与管理人之间为委托代理关系，最终目的可能并不一致，存在信息不对称问题和利益冲突问题，会产生更大的道德风险与更高的代理成本，导致投资人收益降低。

四、境外 REITs 市场分析

（一）美国 REITs 市场发展

美国是 REITs 的发源地，1960 年《REITs 法案》的发布，标志着 REITs 正式诞生。1969 年《国内税收法》的发布免除了公司层面的所得税，推动了 REITs 发展。1986 年《税收改革法案》出台，解除了 REITs 在资产管理层面的限制，REITs 可以对资产进行内部化管理，成为美国 REITs 发展的分水岭。1992 年，美国经过创新创造了伞形 REITs 架构，通过成立有限合伙公司后再成为普通合伙人，暂时推迟了资产转移过程中的资本利得税，给投资者提供了延迟纳税优惠。这也使得伞形 REITs 成为美国 REITs 市场的主流形式，从 20 世纪 90 年代以来美国绝大多数 REITs 均采用了该结构，并且一直延续至今。

波士顿房地产成立于 1970 年，是美国最大的 A 级写字楼开发商之一，1997 年以不动产投资信托基金的身份上市。鉴于伞形 REITs 的优势，波士顿地产也采用了该结构，通过成立 BPLP（Boston properties limited partnership）作为有限合伙企业在收购资产的同时享受税收延迟优惠。此外，公司还成立了其他子公司，负责 REITs 不能从事的房地产业务，这极大地增加了公司业务层面的多样性。得益于伞形 REITs 的优点和公司有效的运营管理，波士顿地产成为纽约证券交易所规模最大的写字楼类 REITs 公司。

（二）日本 REITs 市场发展

日本是亚洲首个推出 REITs 的国家。2000 年 11 月，日本修改了《信托投资公司法》，允许信托投资资金投资于商业不动产领域，并规定了成立 REITs 的相关条件。虽然日本也允许成立契约型 REITs，但是由于公司型 REITs 管理成本更低并且更具有投资价值，因此日本的 REITs 基本采用了公司型架构。而在税收层面，日本允许部分 REITs 收入可以先扣除股利分红再算应税收入，相当于实行了免税政策。日本与美国的差异在于，REITs 不能实施内部管理而必须采用外部管理，并且不能像美国一样通过产品架构调整实现递延所得税。

日本建筑基金（Nippon Building Fund，NBF）于 2001 年 9 月在东京证券交易所上市，是日本最早上市的 REITs 产品之一。NBF 采用公司制架构，原始权益人三井不动产株式会社通过签订合同将资产产权转移给 NBF，从而实现了风险隔离。囿于日本法律规定，NBF 采用外部管理模式，公司内部对资产管理不进行干预，经营者职能由日本专业管理公司承担，负责物业的日常运营、租赁管理与资产价值保全。外部管理模式使得各个专业管理公司为 NBF 的运营发展做出了正确合理的决策，使得 NBF 的企业价值不断上升。

（三）新加坡 REITs 市场发展

新加坡是亚洲第二个推出 REITs 产品的国家，也是亚洲第二大 REITs 市场。1995 年，新加坡发布《新加坡房地产基金指引》，开始对 REITs 进行布局；2001 年出台 REITs 税收相关政策，对投资者做出了一系列的税收优惠政策；2002 年 7 月第一只 REITs 上市，拉开了新加坡 REITs 市场发展的帷幕。新加坡 REITs 最大的特点在于，其不仅持有新加坡本国的物业资产，还在国外也持有较高比例的物业资产，是国际物业资产的组合产品。在发展早期，新加坡 REITs 就确定了跨境多元化资产类别的发展方向，目前其超过 90% 的 REITs 产品均涉及国外资产，资产类别丰富。REITs 在新加坡金融市场中占有重要地位，REITs 占新加坡整体股市比例超过 10%，高于美国和日本，居世界首位。新加坡 REITs 交易流动性表现较好，因此大多都可被纳入追踪 REITs 表现的指数。

运通网城 REITs 于 2017 年 7 月在新加坡联合交易所上市，是首个国内电商物流资产在新加坡资本市场交易的产品。富春控股集团有限公司，是一家业务多元化的企业集团，于 2015 年起着力开拓电子商务领域，是菜鸟网络的核心发起人之一。运通网城 REITs 在发行时采用了"底层资产—中国物业公司—新加坡控股公司—REITs"四层架构，发行时首先在新加坡成立 SPV 公司获得中国物业股权，然后成立私人运通网城房地产信托（EC World Trust）并获得 SPV 公司的股权。运城网通 REITs 管理主体在新加坡，运营阶段减税优势明显。

（四）中国香港 REITs 市场发展

2003 年起中国香港开始出台 REITs 相关法律，首只 REITs 产品于 2005 年正式上市，经过多年的发展，REITs 市场日趋成熟。中国香港的 REITs 有着非常强烈的政策驱动色彩，中国香港 REITs 主要是由政策法律对监管口径的变化推动。从一开始允许公募基金投资 REITs 于境外资产，到将 REITs 的收购兼并纳入与上市公司一致的监管范围，再到适度放宽 REITs 的投资限制，使其在一定资金比例内可以投资有流动性的金融产品。一系列监管政策的推出，使得中国香港 REITs 市场迅速发展，时至今日，其已成为中国香港资本市场不可或缺的版图。

领展 REITs 于 2005 年上市，是中国香港首只上市的 REITs 产品。领展 REITs 上市是为了缓解公司的财政压力，其主要资产为零售商场和停车场，有良好的需求基础。目前，领展 REITs 的业务组合已经遍布香港、北京、上海、广州等地，并且内地权重不断加大，零售物业涵盖了饮食、街市、超市等，定位日常生活所需，具有良好的抗周期能力，能够产生稳定的现金流，这也是其能穿越周期不断发展的关键所在。

（五）境外 REITs 市场总结

从 20 世纪 60 年代以来，REITs 已经经历了 60 多年的发展历程，境外市场 REITs 经过一系列的调整变更，逐步形成了成熟的发展模式，对各自资本市场发展形成了有效补充（境外 REITs 市场总结见表 1）。

表 1 境外 REITs 市场总结

REITs 市场	产品架构	资产类型	管理模式	税收政策
美国	以伞形 REITs 为主	涵盖基础设施、住宅、工业、零售业、自存仓、数据中心等	可以内部管理	有限合伙公司实现税收延递；设立环节免征印花税或者降低契税税率；运营阶段通过鼓励分配利润使 REITs 获得税收抵扣；出台资本股息收益和免税股东规定进一步减轻投资者的税收负担
日本	公司型	以房地产为主	只能外部管理	用于分红的所得可以计入税前成本，允许在所得税税前扣除；持有房地产时间不同对应税率不同，鼓励长期经营；购买用于 REITs 的房产的契税，税率由 5% 下调到 1.7%
新加坡	契约型	涵盖跨境写字楼、工业园、购物中心、养老院、酒店、仓储等	普遍采用外部管理	满足一定条件免除其所得税；个人投资者免除 REITs 分红和出售的个人所得税；免征新注入 REITs 的不动产物业的印花税
中国香港	契约型	以房地产为主	外部管理	购置处置阶段，卖方免征 17.5% 所得税；持有运营阶段，通过 SPV 持有房产产生的分红免税；投资者分红阶段，REITs 投资者的分红和资本利得均免税。

总结境外 REITs 市场的发展规律，可以得到以下经验特征。

一是完善的监管架构。REITs 的发展大多是靠政策推动，其中主要内容为监管层面的变动。随着市场的发展，无论 REITs 是属于信托体系的监管还是公司层面的监管，都需要恰合时宜地调整监管的广度与力度，对资产限制、投资内容、分红比例等做出调整。

二是多元化的 REITs 产品。美国和新加坡都拥有涵盖写字楼、数据中心、仓储等在内的多元化资产，丰富的底层资产使得投资组合多样化，能让 REITs 产品产生更稳定的现金流，增强抗周期能力，也给了投资者更多的选择。

三是有效的税收政策。从境外各国的税收政策来看，都从产品设立、运营和投资者层面给予了一定的税收优惠，这一方面符合税收中性原则，避免了重复征税，另一方面提高了原始权益人发行 REITs 和投资人投资 REITs 的热情，从长期来看，对 REITs 市场的发展起到了关键性的作用。

四是高效的产品架构。高效的 REITs 产品架构能够减少产品设立阶段的程序与发行周期，同时也有利于运营阶段的管理。

五是专业的管理团队。从境外国家的经验来看，专业的外部管理团队是 REITs

市场快速发展的有效支撑，能够为资产的日常经营管理做出有效的判断，做出高效的投资决策，有利于实现资产价值的最大化。

六是活跃的二级资本市场。活跃的二级资本市场能够增加 REITs 产品的流动性，有利于激发投资者热情，同时也有利于实现 REITs 产品的扩募，实现新增投资与收益的良性循环。

五、REITs 发展的政策建议

（一）顶层设计

对于财政部、国家发展改革委和证监会等中央机构，应完善 REITs 发展的顶层设计，对行业发展做出规划指引，通过政策更新、制度完善等方式引导行业持续健康发展。

（1）优化 REITs 的产品结构与发行制度。囿于国家法律和现实原因，试点阶段基础设施公募 REITs 采用"公募基金 + ABS + 项目公司"结构模式，也是目前相对可行的产品模式。但复杂的结构带来了监管、法律以及运营管理等方面的额外成本。随着公募 REITs 市场的逐步成熟，立法机构应推动 REITs 独立立法，允许"公募基金 + 底层资产"产品结构，解决 REITs 产品结构的长期优化问题，形成新的标准化发行流程，提升市场的积极性与信心。此外，试点时 REITs 发行采用国家发展改革委和证监会协同审核项目的方式，能有效保障试点项目质量和产业引导效应，但是也导致了项目整体审核时间长、流程复杂。随着市场的发展完善，国家在发行过程中扮演的角色可以相应改变，国家发展改革委可以在其中给出参考意见，发行机构参照整改，最终由证监会审核决定。

（2）拓展公募 REITs 发行范围和规模。丰富的底层资产是境外 REITs 市场快速发展的重要原因之一。目前，我国对可供发行的资产性质与规模做出了严格的限制，满足条件的优质资产数量受限。随着 REITs 市场的逐步成熟，监管或许可以进一步放松。百货商场、购物中心等商业项目已被允许发行公募 REITs，餐饮、酒店等未来也可以考虑纳入 REITs 发行的范围。同时，资产规模也可以进一步放松，初始试行时不动产评估净值原则上不低于 10 亿元，新规要求不低于 8 亿元，未来，在监管可行的前提下可以进一步放松下调，使得满足条件的底层资产更丰富。需要注意的是，在对公募 REITs 发行范围和规模放松的同时，需要做好风险防范工作。

（3）完善税收中性与税收优惠政策。从境外 REITs 发展历程来看，税收是影响REITs 发展的重要因素。现阶段由于我国实行的多层产品结构使得重复征税问题尚未完全避免，不满足税收中性。同时，境外市场除了满足税收中性，在很多环节还对 REITs 实行一定的税收优惠，这有利于提高原始权益人发行 REITs 以及投资人投资的积极性。因此相关立法机构应尽快梳理 REITs 发行过程中可能涉及重复征税的过程，对相应过程实施税收减免，同时为促进 REITs 发展，还可以推出一定的 REITs 税收优惠政策，如投资者的个人所得税减半等。

（4）完善扩募机制，加强募集资金的监管。REITs 扩募类似于上市公司的再融资，能够进行产品的底层资产同步扩充，同时也使得投资者拥有更丰富和优质的投资标的。扩募机制有利于 REITs 形成更加优质的资产池，以获取持续稳定的经营现金流，有效提升基金的综合竞争力与吸引力。证监会等部门应做好 REITs 扩募发行过程指引，完善扩募机制，鼓励上市项目通过扩募增加资产规模。对扩募的细则进行进一步明确，如同一类型资产如何界定、扩募的估值如何确定等，市场较为成熟后可对上市时间、收购资产类型等相关要求进一步放松。同时，要做好募集资金使用去向的监管，确保各个项目将初次以及扩募募集到的资金投入基础设施资产的更新改造、开发升级等用途中，形成有效投资的良性循环。

（5）鼓励开展 Pre-REITs 工作。Pre-REITs 是指在基础设施等领域，以尚未成熟的不动产项目为投资标的，以公募 REITs 为主要退出手段，以获取溢价为投资目的的金融投资产品。通过私募股权基金等方式开展 Pre-REITs 业务，持有具有公募 REITs 上市潜力的资产，待项目稳定运营期后通过基础设施 REITs 实现基金退出，获取相应收益。同时，在 Pre-REITs 业务模式下，公募 REITs 团队可提前介入，对基础设施资产进行梳理和培育，降低后端 REITs 发行前期材料准备时间成本，为保障项目顺利发行 REITs 奠定坚实的前期工作基础。证监会等相关部门应鼓励私募股权基金、券商自有资金等开展 Pre-REITs 工作，培育优质底层资产，奠定前期工作基础，促进公募 REITs 市场发展。

（6）出台公募 REITs 管理人评价体系。从产品的设计原理上看，公募 REITs 需要产品管理人具有相对较强的管理能力，其中包括了公募产品的管理能力和 ABS 产品的管理能力。良好的管理能力有助于提升公募 REITs 整体运营效率，长期来看也有利于 REITs 市场的持续健康发展。证监会等相关部门应该尽快推出公募 REITs 管理人评价制度，有利于促进市场公平竞争，规避管理人"搭便车"现象。

（二）地方实践

浙江省基础设施存量资源丰富，在"腾笼换鸟、凤凰涅槃"行动的指导下，小微企业园建设提质推进、保障性租赁住房加快建设，新增基础设施投资不断增加，为发行公募 REITs 创造了良好的先行条件。公募 REITs 能有效缓解企业融资手段单一的困境，为浙江省"千项万亿"工程保驾护航，吸引民间资本参与国家重大工程、省重大项目建设，对推动两个先行示范区建设具有重要意义。浙江省应积极响应国家政策，做好地方实践，努力推动 REITs 项目发展落地，把握基础设施 REITs 的试点机遇。

（1）成立 REITs 发展领导小组。省级层面应成立公募 REITs 发展领导小组，定期研究推进公募 REITs 发展有关的战略、规划、政策等工作，加强对公募 REITs 发展的政策指导和统筹协调。各市、县层面应做好相关政策的落实工作，主动担当，明确责任职责，制定工作计划，推动 REITs 项目顺利落地。其中，杭州市和宁波市基础设施资产丰富，具备发行公募 REITs 的良好条件，可以作为浙江省公募 REITs 的试点城市，先行展开公募 REITs 试点工作。省 REITs 发展领导小组应建立健全工作协调机制，省市县三级协同，形成良好的交流互动与沟通协作，吸收各级地方成功的实践经验，对表现优秀的地区进行表扬嘉奖；协助解决潜在的问题难点，尤其是在涉及资产产权问题时协调县市甚至省级政府共同协商处理，在浙江省内打造良好的 REITs 发展制度体系。

（2）完善 REITs 项目储备工作。优质资产是实行公募 REITs 项目的基础，浙江省政府应做好 REITs 底层资产的摸底工作，组织各级政府对辖区内的公共基础设施基础摸底登记，记录符合条件资产的规模、产权归属、实际控制人的积极性、可发行规模等关键信息，做好 REITs 项目储备工作。按照资产规模、行业属性等对资产进行有效划分，为后续实施 REITs 发行上市工作做好准备。重点关注"腾笼换鸟、凤凰涅槃"计划中的目标项目，如产业园区、保障性租赁住房等，形成政策的协同作用。同时，对于尚未满足资产规模但较为优质的资产，也应予以登记，作为后续储备项目，为项目成熟后发行上市做好前期工作，落实"成熟一批、发展一批"策略。

（3）鼓励省属金融机构积极参与。券商、基金公司等金融机构在公募 REITs 的发行上市过程中起到了关键性作用，应鼓励以财通证券等在内的省属金融机构积极参与 REITs 的发行上市过程，提供政策指引与条件。目前，公募 REITs 的底层资产以国有资产为主，其原始权益人为地方政府或国有企业，与省属金融机构之间联系较为密切，有较多的合作基础，如财通证券已与省内大部分政府、国企签订战略合作协议。公募 REITs 是缓解地方财政压力、建立多层次资本市场的有效手段，作为省政府领导下金融体系的重要参与者，省属金融机构应主动展现政治担当，推动公募 REITs 顺利发展。

金 赟
张云箫
孔维莹

浙江省金融人才引进的短板及建议

浙江省高质量经济发展和共同富裕示范区的打造，离不开金融人才在金融服务实体经济中的"引擎作用"。目前浙江省面临着引才主体和渠道单一、人才评定和遴选机制不健全、缺乏系统性统筹政策、精神激励发力不足等困境。本文根据现阶段浙江省金融人才引进的短板提出了搭建多元化引智平台、健全金融人才统计制度、优化人才遴选体系、制定系统性统筹政策、解决金融人才多维度需求、健全金融人才长效激励机制等针对性建议。

一、金融人才是高质量发展建设共同富裕区的关键要素

随着中国经济由"高速增长"向"高质量发展"转变，我国主动进行劳动要素调整，坚持推动"人口红利"向"人才红利"转变，通过提升劳动力质量为我国经济高质量发展提供强大动力。2021 年 4 月 29 日，中共中央政治局召开会议审议《国家"十四五"期间人才发展规划》，强调要加快建设世界重要人才中心和创新高地，如何吸引和留住人才成为各地方"十四五"期间政策设计的聚焦点。同年 5 月，中共中央、国务院印发《关于支持浙江高质量发展建设共同富裕示范区的意见》，以浙江先行探索全国共同富裕的最佳路径，这是党中央在"十四五"开局之年赋予浙江省新的光荣使命。

金融作为实体经济的血脉，是激发示范区经济发展内生动力的关键，浙江省经济增长模式在转型，要求金融发展模式也要转变。金融支持共同富裕不仅需要帮助低收入群体增收、支持基本公共服务均等化，更需要支持经济高质量发展，做大"蛋糕"。2022 年 3 月，中国人民银行等五部门联合发布《关于金融支持浙江高质

作者简介：金赟，财通证券战略发展部总经理；张云箫，财通证券战略发展部战略管理部经理；孔维莹，财通证券战略发展部研究员。

量发展建设共同富裕示范区的意见》，强调金融以服务实体经济为宗旨，扎实推动金融进入高质量发展阶段，要求金融为人民服务、为实体经济服务，要求健全绿色金融、普惠金融、"三农"金融等多元化金融体系，要求深化金融为民、金融向善等理念。金融发展模式的转变必定要求金融体系的完善、金融产品的创新，而其作为最具知识密集特征产业之一，金融人才是金融发展的第一核心要素，金融发展离不开金融人才，金融人才的集聚是实现浙江金融高质量发展的重要保障，是提升金融服务实体经济的先行要素，是打造共同富裕示范区的重要举措。

在此背景下，浙江省如何制定和优化金融人才引进政策成为现阶段亟待解决的关键问题。因此，本文首先对浙江省金融人才引进的背景及现状进行梳理，并对引进过程中存在的短板进行分析，最后针对性提出相关金融人才引进政策建议。

二、浙江省金融人才引进的背景及现状

（一）经济进入高质量发展阶段，金融体系迎来新发展机遇

在国内外经济金融形势复杂多变的形势下，浙江省进入了经济转型升级加速期，迈上了高质量发展建设共同富裕示范区的新征程，投资需求潜力巨大，为浙江金融发展提供新发展空间，也对浙江金融高质量发展提出了更高要求。

浙江省经济高质量发展稳步推进。2021年，全省地区生产总值（GDP）为7.35万亿元，名义GDP增速全国第一。产业结构进一步优化，2021年，全省规模以上工业增加值为20248亿元，迈上2万亿元新台阶，较上年增长12.9%。现代服务业规模快速增长，数字经济和高新技术产业优势凸显，成为推动浙江工业增长的新动能。2021年1—11月，全省规模以上服务业营业收入2.4万亿元，较上年增长24.5%，增速比全国高3.8个百分点。2021年，浙江省数字经济核心产业增加值总量达8348.27亿元，较上年增长13.3%。数字经济核心产业制造业、高技术产业制造业增长20.0%、17.1%，远高于全部规模以上工业。消费需求进入释放与升级阶段，城乡居民收入继续快速增长，共同富裕同步扎实推进，2021年，全省社会消费品零售总额2.92万亿元，较上年增加9.7%。2021年，浙江省全体居民人均可支配收入达到57541元，其中城镇为68487元，农村为35247元，均为全国省份前三。城乡收入差距在进一步缩小之中，两者比值仅为1.94，较去年下降0.02。浙江经济进入转型加速期，浙江金融作为浙江经济的血脉，保证浙江省金融转型紧跟经济转型的步伐是提升金融服务实体经济能力的基础。

与此同时，国家金融管理部门提出优先将金融支持共同富裕相关改革试点任务赋予浙江，浙江省应加强政策配套支持，建立金融促进共同富裕的体制机制和有效路径，确保浙江金融要精准聚焦科技创新、绿色发展、乡村振兴、普惠帮扶、社会治理能力现代化等重要领域。

（二）金融服务实体能力增强，多元化金融需求覆盖不足

　　浙江金融贯彻服务实体经济的宗旨，紧跟浙江经济转型步伐，深入推进金融高质量发展，提升金融服务实体经济的能力，始终坚持缓解民营企业和中小微企业的融资困境，一贯坚持创新发展绿色金融体系，持续坚持扩大普惠金融覆盖面、提升普惠金融的可得性，时刻坚持加强防范金融风险，浙江已初步形成了"经济金融"相互融合发展的良好态势。

　　社会融资规模反映了一定时期内特定区域从金融体系获得的资金支持状况以及该地区金融资金配置能力。2021 年，浙江社会融资规模增量余额和各项贷款余额居于全国前列，金额达到 3.40 万亿元和 16.58 万亿元。从社会融资规模增长幅度来看，浙江省金融资金配置能力大幅增强，在 2015—2021 年，浙江省的社会融资规模增幅以 440.79% 居于全国首位（各地融资规模变动情况见表1）。民营企业和中小微企业是浙江经济发展的主力军，浙江省鼓励和激励金融机构进行金融服务和产品创新，缓解民营企业和中小微企业"融资难、抵押少、融资贵"的困境。2021 年，中小微企业贷款余额5.4 万亿元，增长 18.5%。长期以来，农村金融一直是我国金融体系最大的短板，以盈利最大化的商业化金融和社会资本往往对"风险大、收益不确定"的"三农"领域的资金需求延迟满足或不予满足，这造成"三农"领域的投资需求极其匮乏。浙江省深刻贯彻我国的乡村振兴战略，采取"政府资金引导，商业化金融创新"的路径，满足"三农"领域的投资需求。截至 2021 年末，浙江辖内涉农贷款余额 4.74 万亿元，居全国首位。绿水青山就是金山银山，浙江省积极贯彻绿色发展理念，持续推动绿色金融产品和服务创新，形成了涵盖绿色信贷、绿色债券等多元化的绿色金融服务体系，初步形成了经济效益和环境效益"共赢"局面。截至 2021 年第三季度，绿色信贷和绿色债券余额达 1.4 万亿元、0.07 万亿元，较上年增长 40.4%、23.7%。"凤凰行动"计划取得阶段性成果，浙江资本市场在震荡中持续健康推进，截至 2021 年，浙江省共有境内上市公司 499 家，较上年增加 74 家，境内上市公司累计融资 1.3 万亿元，较上年增长 15.8%。

表1　各地融资规模变动情况

省（市）	2015 年/亿元	2021 年/亿元	变化幅度/%
浙江	6291	34021	440.79
江苏	11394	34453	202.38
上海	8507	12126	42.54
北京	15369	15308	-0.40
广东	14443	37843	162.02

　　数据来源：中国人民银行。

浙江省金融服务实体经济的能力显著提升，但距离实现经济高质量发展和打造共同富裕示范区的投资需求还存在着较大缺口。从资金总量来看，浙江的资金汇聚力度还存在很大的提升空间，浙江省 2021 年末的金融机构本外币存款余额为170816 亿元，落后于广东、北京、江苏、上海（2021 年末金融机构本外币存款余额见表2）。从社会融资结构来看（2021 年地区社会融资规模结构见表3），浙江省直接融资发展迅猛，2021 年末浙江省非金融企业境内股票融资比例为 3.59%，仅次于北京、上海和广东，2021 年末直接融资比例为 21.42%，仅次于北京和江苏。但以银行信贷为代表的间接融资比例仍在浙江经济资金融通中占据了压倒性优势，2021 年浙江人民币贷款比例为 64.27%，而间接融资在支持实体经济发展的同时，也存在融资成本高、门槛高等问题，为了促进产业发展，改善创新环境，支持初创企业百花齐放，进一步释放市场流动性，调整社会融资结构是必要环节。

表2 2021 年末金融机构本外币存款余额

省（市）	资金总量/亿元	增速/%
广东	293169	9.50
北京	199742	6.20
江苏	196016	10.10
上海	175831	12.80
浙江	170816	12.20

数据来源：中国人民银行。

表3 2021 年地区社会融资规模结构

单位:%

省（市）	贷款（人民币）比例	直接融资比例	非金融企业境内股票融资
北京	34.21	40.50	15.91
上海	85.12	18.39	10.23
江苏	67.92	23.18	3.42
浙江	64.27	21.42	3.59
广东	68.58	16.80	4.62

数据来源：中国人民银行。

除此之外，浙江省金融的转型步伐落后于浙江省经济转型升级的速度，尚未满足数字经济、高新技术产业等新兴产业的投资需求；民营企业、小微企业融资困境尚未破解，"融资贵、融资难"问题仍旧存在；区域金融治理体系还不够完善，防范化解金融风险任务依然艰巨；绿色金融制度体系尚存在多处难点和堵点；农村金融对乡村振兴的支持力度亟待进一步加强；普惠金融的覆盖面仍需持续扩大、可得性和便利性有待提升；资本市场仍不够成熟。新一轮的金融政策应加速布局，推动浙江省金融进入量质齐升期。金融体系高质量发展方向如表4所示。

表4　金融体系高质量发展方向

经济发展方向	金融发展方向
支持科技创新	深化知识产权质押登记线上办理试点；与外部投资机构合作，创新"投贷联动"；鼓励银行业金融机构设立科技支行或科技金融服务专营机构
支持先进制造业	提升中长期贷款占比；提供供应链金融支持
构建数字化金融	完善金融综合服务平台；提供优质融资服务和支付服务
落实高水平对外开放	开展贸易新业态；拓宽境外融资渠道；实现跨境投融资便利
加大普惠小微金融服务	推广应用"贷款码"；构建财富管理体系
支持乡村振兴	探索差异化信贷政策；开展"一县一策"金融精准帮扶
深化绿色金融改革	构建绿色信贷评价体系；创新权益抵质押产品；探索基于碳账户的转型金融路径
用好资本工具	试点股权投资和创业投资份额转让；证券公司参与区域性股权市场

资料来源：由财通证券规划发展部整理。

（三）金融人才招引不足，各县市出台配套性时点引才政策

金融具有知识密集型产业属性，金融人才是金融产业的第一核心竞争力。金融贤才的聚集是推动金融高质量发展和经济高质量发展"双螺旋"上升的关键因素，金融人才运用专业化技能知识，充分发挥金融促进资源配置的功能，助力实体经济融资畅通与居民财富资产增厚。浙江金融体系正处于优化结构、提升能级的重要战略机遇期，对金融人才需求必然更加旺盛，只有实现人才先行，金融的改革创新才能得到坚实的支撑，靶向引聚与浙江金融高度匹配的支撑型人才，以金融人才队伍的膨胀带动金融体系的发展和完善。

浙江省始终将实施人才强省战略作为发展的动力所在。省内各地级市积极出台了涵盖科学技术、教育卫生、金融管理、专项技能等多领域的综合性人才引进政策，人才集聚局面逐步显现。自2015年起，杭州市陆续出台《关于杭州市高层次人才、创新创业人才及团队引进培养工作的若干意见》等系列文件，重点围绕引才、育才、留才，构建与产业结构相匹配的人才体系，政策出台密集且呈现递进性。2010年，宁波市出台《宁波市中长期人才发展规划纲要（2010—2020年）》并持续出台各项人才细则。2020年末，浙江省人才资源总量达1418人，其中，入选国家重大人才工程达2160人，高技能人才占技能劳动者比例达31.8%。但针对金

融人才的招引力度，相比较北京、上海、广东等省市仍稍显逊色。2017—2019 年，浙江金融业从业人员占第三产业人员比重逐年降低［部分省（市）金融人才指标（金融业从业人员占第三产业比重）比较见表 5］。证券时报与新财富测度了我国各省市金融竞争力综合指标，该指标综合了经济发展、金融发展、金融机构发展以及资本市场发展在内的四个一级指标以及 35 个二级指标。2021 年，浙江省的金融竞争综合指标落后于北京、广东、上海和江苏，位居第五［2021 年部分省（市）金融竞争力排名见表 6］，浙江省需要进一步提升金融业综合实力，实现金融高质量发展，满足人民群众追求美好生活日益增长的金融需求，为经济高质量发展提供更好、更优的金融服务。

表5　部分省（市）金融人才指标（金融业从业人员占第三产业比重）比较

单位:%

年份	浙江	上海	江苏	广东	北京
2017	11.10	8.10	7.95	5.80	8.16
2018	10.43	7.57	7.63	6.75	8.03
2019	9.99	7.16	6.68	7.92	9.66

数据来源：中华人民共和国国家统计局。

表6　2021 年部分省（市）金融竞争力排名

排名	省（市）	排名	省（市）
1	北京	6	山东
2	广东	7	福建
3	上海	8	四川
4	江苏	9	河北
5	浙江	—	—

数据来源：《2021 中国内地省市金融竞争力排行榜》。

相关金融人才政策主要由各县市独立出台，并主要作为配套性试点政策落实在本地重点金融产业和区域。2016 年，为助力杭州市上城区玉皇山南基金小镇建设，上城区被授牌为杭州市金融人才管理改革试验区，并同步出台《上城区高层次金融人才评选奖励办法》和《关于建设金融人才管理改革试验区的若干政策意见（试行）》。2020 年，为促进湖州市南太湖绿色金融中心建设，湖州市出台《关于实施新时代人才强县战略服务环太湖发展高地建设的意见》。长期以来，省内各地市金融人才政策作为本地重点金融产业政策的补充而存在，仅宁波一市曾于 2013 年出台以金融人才政策为主体的长期性政策《宁波市人民政府关于加快金融人才队伍建设的实施意见》（浙江省各地级市金融人才政策见表7）。

表 7　浙江省各地级市金融人才政策

地级市	政策文件
杭州市	《上城区高层次金融人才评选奖励办法》 《关于建设金融人才管理改革试验区的若干政策意见（试行）》 《钱塘金融人才专项政策》
宁波市	《宁波市人民政府关于加快金融人才队伍建设的实施意见》
嘉兴市	《南湖基金小镇人才引进培养工作实施意见》
湖州市	《关于实施新时代人才强县战略服务环太湖发展高地建设的意见》 《关于实施新时代人才强市战略服务湖州高质量赶超发展的意见》
温州市	《关于大力实施"瓯越英才计划"高水平建设浙南重要人才中心和创新高地的40 条意见》
台州市	台州市"500 精英计划"

资料来源：由财通证券规划发展部整理。

三、浙江省金融人才引进短板

近年来，随着中国人口增速逐步放缓，基于人口数量的人口红利窗口渐渐关闭，经济高质量发展的动力正逐步由人口红利向人才红利的转化，金融业作为知识和技术密集型产业，人才要素是否到位对金融业能否实现长期可持续发展起到了关键作用。各大城市为争夺优秀金融人才各施奇招，"抢夺金融人才大战"呈现愈演愈烈的态势。当下，浙江省引进金融人才的体制和机制尚不完善，使得金融人才引进效果与实践需求差距过大。

（一）引才主体和渠道单一，人才信息难以整合

一方面，浙江省主要采用"以会引才"的方式引进人才，通过举办浙江嘉兴外国高端人才创新集聚区、金华战略产业招商引才推介会、"星耀南湖·长三角精英峰会"大型人才活动等招引人才，但人才招引活动主要是面向数字经济、生命健康等产业。仅有少量地级市或县级市建立了专项引进金融人才的平台，如宁波市在2021 年采用"研学＋保险"这项创新举措开辟了金融人才引进新渠道。此外，浙江金融人才招引渠道主要通过金融机构的官方网站发布信息，引才主体和形式较为单一。另一方面，人力资源服务具备专业化、市场化等特征，其是招引高端金融人才的重要途径之一，但浙江市场化引进金融人才程度不高，人力资源服务业中有关招引高端人才服务的业务规模较小，尤其是欠缺招引高端金融人才的业务。2020 年，浙江猎头 100 强中，仅有 13 家以金融人才服务为主。

（二）需求精细化不足，人才评定和遴选机制不健全

浙江省现有人才引进政策基本上属于同质性、模糊性、笼统性引进，未明确金融行业内各细分领域的人才需求，缺乏针对各地市金融产业结构而形成的人才目录，包括杭州、嘉兴、湖州等多个地级市对高层次人才和金融人才的评定都强调实现产业和金融人才相配套，但人才引进的评定标准中并未对本地级市特色产业所需的金融人才进行划分，结果对于金融人才的评定表现为"强调产业，但不知道产业需要什么；强调高端、紧缺，但不知道对应的专业能力是什么"，加大了精准引进金融人才的难度。

此外，各地市金融人才引进的遴选机制标准模糊，以杭州市高层次人才评定为例，当前杭州市针对金融人才的评价体系中主要包括个人能力、担任职务、行业影响力等非量化性维度，多以"较大影响力""行业知名"等较为模糊的词语作为评价标准，无法形成客观可比的评价指标，认定标准宽泛不准确，给金融人才认定工作带来一定难度。

（三）引进政策缺少"组合拳"，人才供需结构失衡

浙江省现有金融人才政策散落在各个地级市，且多作为本地重点金融产业政策的补充而存在，呈现出零散性、时点性的特征，缺乏连续性、长效性的统筹政策，削弱了省内人才政策吸引力。

各地市金融人才引进政策出台时间早晚不一、优惠补贴力度强弱有别，呈现出一定程度的地区不均衡性。从时间维度来看，宁波市和杭州市较早开始关注针对金融人才的专项引进政策，分别于 2013 年和 2016 年起即出台相应政策举措。而嘉兴市和温州市等则于 2021 年和 2022 年才首次出台针对金融专项人才的引进政策，绍兴、衢州、金华三市则至今尚未出台明确针对金融人才的相关政策。从补贴力度来看，湖州和丽水两市补贴力度具有明显优势，对于 B、C 类高层次金融人才分别给予 250 万元和 160 万元安家购房补贴。杭州和舟山两市的补贴力度则相对较弱，针对 A、B 类金融人才仅给予不超过 20% 的购房补贴。浙江省内各地市间金融人才政策地区的不均衡导致省域内金融人才供需结构严重失衡，金融人才普遍向头部城市如杭州、宁波等集聚，而衢州、舟山等需求城市则少有金融人才流入。

（四）引进全过程"头重脚轻"，精神激励发力不足

前期，人才对物质需求较为敏感，而后期，吸引人才的往往是精神需求的满足。相比于送补贴等物质需求，人才养老、子女教育、医疗保障以及荣誉评选等精神需求在提高金融人才留浙率上起到了重要作用。

目前，浙江省人才政策重点集中于引入人才，忽略了后周期服务，比如留住人才、用好人才。各地级市出台的金融人才政策以住房补贴等一次性补贴和限期三年

内的生活补贴为主。而在诸如养老、医疗、子女教育、评优评选、职称荣誉等方面的精神激励政策严重不足。除此之外，人才引进奖励形式较为单一，缺乏股权激励等支持方式。

四、浙江省金融人才引进建议

面对愈发激烈的"抢人大战"，围绕浙江省金融人才引进的现状和短板，针对性制定和完善浙江省及地级市的金融人才引进政策，是推动浙江经济高质量发展和打造共同富裕示范区的关键环节。

（一）立足产业配置金融人才，搭建多元化引智平台

充分考虑不同维度、不同领域对金融发展的特定需求，浙江省应坚持分类推进金融人才引进工作，实现浙江省金融人才梯队化。围绕着浙江经济高质量发展和共同富裕示范区的建立，金融要持续发力于服务实体经济、主动改革创新、加强金融监管与风险防范。全面满足不同层次的金融发展需求，金融人才结构要不断优化和升级。一是要专业化招徕金融机构人才，提升浙江省金融业的管理水平和金融竞争力。二是要针对性罗致产业金融人才，完善浙江省供应链、产业链金融服务体系。三是合理化吸引监管金融人才，持之以恒监督浙江省防范化解金融风险。

遵循金融人才成长规律，践行金融服务实体宗旨，突出金融协会、金融机构以及高校的引才主体地位，共商共建金融人才招引平台，实现全省上下联合开展金融人才招聘活动。鼓励领先金融机构和高校站到引才一线，保障浙江省成功搭建健全且完善的引才工作链条。支持政府协同用人单位搭建企业管理者与金融人才的直接交流平台，定期组织金融人才引进活动，实现高效对接产业金融人才，精准招引产业金融人才，进一步提升金融人才和企业相关岗位的匹配度。比如，常态开展杭州金融高科技人才交流大会、湖州绿色金融人才交流会、宁波贸易金融人才交流大会等活动。

加快设立金融人才流动工作站，实现区域互利共生的金融人才发展格局。发挥浙江省地域优势，搭建沪苏浙省级毗邻区域金融人才网络。选派省内金融人才分批赴周边省市、北京、深圳等金融中心城市调研学习、挂职锻炼、联合培训等。同时，支持浙江省内设立金融人才实践基地，打造挂职锻炼平台。加强省内外金融人才交流合作，全面提高浙江金融人才质量。

除此之外，鼓励浙江省内人力资源服务业扩大金融人才综合服务业务，为浙江省内吸引高层次金融人才提供专业化指导，进一步提升浙江金融人才的全面性。

（二）健全金融人才统计制度，优化人才遴选体系

浙江省应结合本省及各地市实际需求，鼓励政企联合设立金融人才专家委员会，制定并完善金融人才统计体系，基于互联网科技优势，开展金融人才调查研

究，打造金融人才数据库，实现企业动态发布、专家实时对接。鼓励浙江省金融人才专家委员会联合金融机构、企事业单位等制定有关金融人才统计的相关机制，如定期发布浙江省及各地级市金融人才报告、按期公告浙江省金融人才岗位需求等，为进一步优化浙江省金融人才"引、留、用"政策提供有力的科学支撑。

与此同时，优化和完善以成效为导向的市场化金融人才遴选机制，实现精准化遴选金融人才。首先，坚持"凭能力，看业绩"，构建以"能力＋业绩"为导向的人才评价标准体系。人才评价标准体系是多维度、多层次的能力体系，是衡量人才的综合指标。总体来看，人才评价标准可划分为能力要求和评价标准。随着金融应用场景的拓展及其与科技的深度融合，金融行业逐步分化出多种"精、尖、专"领域，也对金融人才提出了"高、精、细"的要求，特定业务需要特定能力的金融人才提供支撑，大体上可根据业务知识体系、业务实操能力水平以及相关的从业资格证等指标对金融人才的能力要求进行区分。评价标准要具有可操作性和科学性，实现精准把控人才引进的质量，严格保证人才评定的准确性。这就一方面要求采用可量化的细分项目衡量能力要求，另一方面要求采用权重法测度人才综合指标，其中权重的大小采取主客观相统一原则，客观评价人才能力高低，同时根据金融行业专家的建议自主把控各项维度的重要性，最终形成具有代表性的金融人才评价分值体系。金融人才评价标准可量化指标构建如表8所示。

表8　金融人才评价标准可量化指标构建

对应能力素养	指标权重及赋值标准	备注
任职履历	占比30%—40%，根据在对应行业的工作时长和担任职务赋予分值。如工作年限5年、10年以上，担任一级部门正职、副职等。	
业绩贡献	占比40%—50%，根据在对应领域的工作业绩赋予分值。如研究成果发表等级、投资公司上市数量、管理资金规模、合同项目审核数量、个人营销业绩排名、金融产品上市时间、跨境业务成交额等。	各单项加总均不超过100分
学历职称	占比10%左右，根据正高、副高、高级经济师等职称，博士、硕士等学位分别赋予分值。	
专业认证	占比10%左右，根据对应行业专业认证赋予分值。如金融领域的保荐人资格、CFA（特许金融分析师）、FMA（金融管理师）证书，财会领域的CPA（注册会计师）、ACCA（特许公认会计师）、CGMA（全球特许管理会计师）证书，金融科技领域的IBM系列认证，保险领域的精算职业资格，供应链金融领域的物流管理师等，金融法律领域的法律执业资格等。	

资料来源：由财通证券规划发展部整理。

其次，成立省级和地级市金融人才评价协会，按照多方主体联动原则，协同政府、学术界和产业界三方共同制定和完善金融人才评价协会的相关规章制度。其中，政府主要负责制定人才分类分级标准以及统筹人才引进工作，将人才评价权限下放至金融业单位和金融业专家，精准结合产业发展实际人才需求匹配高端金融人才并对高端金融人才进行定期量化管理考核，以保证引进金融人才的质量。金融人才划分标准如表9所示。

表9　金融人才划分标准

人才大类	人才子类
管理型人才	—
研究型人才	战略研究人才、市场研究人才、行业研究人才等
业务型人才	PE（私募股权投资）与VC（风险投资）专业人才；财富管理人才；金融科技人才；投资银行人才；普惠金融人才；租赁、担保、保理业务人才；金融产品研发人才；跨境金融人才；保险精算人才；供应链金融人才；金融营销人才；消费金融人才；文化金融人才等
服务型人才	金融法律人才；数据分析人才；支付结算人才；财会、审计人才；征信评估人才；金融党建人才等
风控型人才	合规与反洗钱人才、机构监管人才等

资料来源：由财通证券规划发展部整理。

（三）制定系统性统筹政策，坚持属地配套落实体系

在省级层面加快出台具有主体性、长效性、系统性的金融人才统筹政策，协调各地级市联动落实引进金融人才政策。以省级政策为引领，明确省内金融人才发展方向，为地级市、县级市培育金融人才提供指导性意见，鼓励暂未出台金融人才招引政策的绍兴、金华和衢州三市加快根据当地金融产业结构和区域结构编制金融人才招引培育专项政策，并指导省内各区域间针对当地不同的产业结构平衡专业化、特色化金融人才的地区分布，缓解省内区域间金融人才的供需失衡，促进省内各区域间金融人才引进的平衡、协调发展。

坚持"省级引领，属地落实"执行体系，各地市金融人才引进政策应适配于浙江省经济发展阶段以及各地级市产业，实现错位发展。各地市金融人才引进政策应当结合当地金融产业结构突出重点，杭州市可着重关注金融科技和私募基金人才的引进，宁波市可着重关注引进贸易金融人才，湖州和衢州两市可重点招引绿色金融人才。浙江各地级市重点金融产业人才招引目录如表10所示。

表10　浙江各地级市重点金融产业人才招引目录

城市	重点金融产业人才
杭州	金融科技人才、私募基金人才、消费金融人才
宁波、舟山	航运金融人才、贸易金融人才、跨境金融人才
嘉兴	供应链金融人才
湖州、丽水、衢州	绿色金融人才
绍兴	文化金融人才
温州、金华	贸易金融人才

资料来源：由财通证券规划发展部整理。

（四）解决金融人才多维度需求，健全长效激励机制

浙江省可凭借城市环境上的优势，打造"老有所养，幼有所育，病有所医"的人才城市。在人才养老方面，一是，由于多数金融高端人才工作于体制外且流动性强，省内各市政府可创新性地为当地工作的金融人才提供稳定且有保障的职业年金，由地方财政补贴缴纳，金融人才工作退休后可按月领取，作为养老保障的有力补充。二是，依托省内各市的自然生态，如杭州西湖、湖州南太湖等，建设高端人才养老社区，面向全市高层次人才开放购房，在当地工作满五年的或为当地经济社会发展做出重大贡献的高端人才可免费入住养老社区或享受购房补贴。在子女教育方面，在高层次人才群体中晚婚晚育现象更为常见的背景下，浙江省可适当延长高层次人才享受子女教育、选校等便利政策的年限，解决人才退休后子女教育的后顾之忧。在人才医疗方面，浙江省可建立专项人才医疗基金，为人才提供全方面、全周期的医疗保障，为人才提供有竞争力的人才医疗服务，同时加速推进医疗卫生行业数字化转型，实现各方利益最大化，提高人才的满意度。在薪酬待遇方面，多元化的薪酬待遇也能保证吸纳到足够的金融人才。支持开展金融人才体制机制创新，鼓励企业开展员工持股等方式的股权激励，将金融人才的个人收益与企业的长远发展紧密结合起来。鼓励高校和科研院等事业单位采取年薪制、协议工资制、项目工资等灵活多样的形式引进紧缺或高层次的金融人才。

浙江省还应探索建立可行性的金融人才评优、荣誉评选等考核制度，大力宣传金融领军人才的突出贡献，既可以满足金融人才自身发展需求和精神需求，又可以加大浙江省金融人才的政策的宣传力度。

深化改革

蔡　宁　姜志华
叶　李　赵立冲
徐贤明　沈旭丹

宁波市江北区"3＋N"多元共治行政执法监督体系研究

一、"3＋N"多元共治体系研究背景与意义

2022 年以来，浙江省各地各部门深入开展"大综合一体化"行政执法改革国家试点。作为推动基层社会治理现代化的重要举措，"大综合一体化"行政执法改革推进取得了显著成效，但也面临着一系列挑战和问题。一是执法溯源治理与基层治理闭环机制亟待互融。行政执法作为基层治理的重要手段，对高频易发案件、典型性案件、群众信访投诉反映强烈且执法成效不明显案件等仍未能形成有效治理措施和基层治理效能。二是行政争议实质性快速处理方式亟待丰富。随着执法办案数量的不断增加与领域的不断拓展，业务主管部门未能有效参与、新赋权街镇缺乏执法经验等问题出现，导致基层行政争议难以达成实质性化解。三是行政执法监督指导合力亟待加强。现有法院、检察院、司法局对于行政执法的监督在实践中存在着多头监督、重复监督、监督手段欠缺等问题，且大多强调事后监督，对行政执法的指导亟待进一步增强。

基于执法改革时代大背景，宁波市江北区探索创新"3＋N"多元共治工作模式，进一步拓展行政指导预防作用，拓宽争议化解路径广度，加快贯通各类监督力度，延伸行政执法基层治理链，取得了显著成效。本文旨在深入剖析江北区"3＋N"多元共治体系，通过系统全面的分析、总结和提炼，建立"3＋N"理论体系，促进"3＋N"做法和经验在全省乃至全国范围推广应用。

作者简介：蔡宁，浙江大学公共政策研究院副院长，浙江省公共政策研究院副院长；姜志华，浙江大学公共政策研究院研究员，浙江省公共政策研究院研究员；叶李，浙江工商大学讲师；赵立冲，宁波市江北区综合行政执法局副局长；徐贤明，宁波市江北区综合行政执法局法制案审科科长；沈旭丹，宁波市江北区综合行政执法局法制案审科一级科员。

二、创建"3+N"多元共治体系，提升改革效能的实践探索

（一）"3+N"多元共治体系的概述

江北区"3+N"多元共治体系是由区法院、区检察院、区司法局（"3"）及"1+8"执法队伍、赋权街镇（"N"）共19家单位共同组成的行政执法多元共治共同体。

（二）"3+N"多元共治体系的运作模式

为保障"3+N"多元共治体系系统化运行，江北区打造"一个目标""三大职能""四项机制"和"五重保障"的"1345"运作模式。

1. "1"：明确"3+N"的核心目标

江北区"3+N"多元共治体系核心目标是通过对行政执法全过程联动监督，打造规范化行政执法体系，健全行政争议多元预防化解机制，提升基层综合治理能力，优化法治营商环境。

2. "3"：厘定"3+N"的三大职能

（1）抓前端、治未病，行政执法源头指导预防。一是规范法律法规和行政裁量权的适用。解决"大综合一体化"行政执法改革推进中疑案难案的法律条款适用、行政裁量规范等问题。二是深化"教科书式"指引，编制领域首案教材，形成"速成宝典"。整理55个易发案例组成的《高频执法事项办案指引汇编》；规整六大领域、34种常用案由组成的《高频执法事项证据清单》，规范源头管控。

（2）齐会诊、解疑难，行政争议多元快速化解。一是多元预防前置化解行政争议。运用"枫桥经验"，结合"共享法庭""检察官办公室"和"执法监督指导站"一体优势，不定期对"大综合一体化"行政执法改革过程中涉及公益、民生等领域案件开展联调会商，通过法检司三位一体"联合会诊"多元协调解决矛盾、化解纠纷。二是甄别和规制滥诉行为。通过建立诉讼诚信档案和对滥用诉权的信息互通机制，有效甄别和规制涉及执法部门的违法滥诉行为，保障执法部门权力有效运行，维护执法公信力。

（3）重溯源、强服务，行政处罚贯通力度温度。一是健全涉企行政处罚审慎包容执法模式。在法律的框架规定下，探索涉企行政处罚案件积极履行"免加罚"的利企措施，降低法院非诉案件申请执行率。二是"以案治源"提醒企业合规经营。通过确定治源重点领域，明确治源措施，形成工作清单，对企业制发风险提示单，为企业量身定制合规经营建议，优化一流营商环境。

3. "4"：建立"3＋N"的四项机制

（1）联席会议机制。每季度定期召开联席会议。由区法院、区检察院、区司法局、执法部门共同拟定会议主题，并视情况形成专题会议纪要。主要内容包括互相通报行政复议、行政诉讼、行政检察和"大综合一体化"行政执法改革推进工作情况；探讨"大综合一体化"推进工作中出现的新情况、新问题，总结新经验、新思路、新方法；解决协作中存在的问题，进一步健全行政争议多元预防化解机制，提升综合治理能力，规范公正文明执法的新措施。

（2）联调会商机制。区法院、区检察院、区司法局在办理涉及公益和民生领域的案件、执法部门的行政行为可能被撤销或被确认违法的案件以及需要协调化解的其他案件过程中，通过"共享法庭""检察官办公室""执法监督指导站"等途径邀请其他单位参与联调会商工作，采取实地走访、会议磋商、出具意见书、组织调解会等方式进行，必要时还邀请政府法律顾问、律师、特邀行政执法监督员等专业人员参加。

（3）联动监督机制。贯通行政执法监督各环节协作衔接。完善司法复议监督、法院审判监督、检察监督间的衔接配合：加强案件信息传达共享，分阶段对重要节点强化协作，协同推进行政争议化解；结合公益诉讼促进对执法单位依法行政的倒逼；对行政违法行为高频多发领域和重点部门加强联合执法监督。法检司在规范监督行政执法全过程中若发现问题，可根据情节轻重，对相关责任部门采取制发执法风险提示单、行政执法督办单、行政执法意见书等措施。

（4）联名通报机制。区法院、区检察院、区司法局定期联名通报执法部门生效行政审判案件、执行（包括行政非诉执行）案件、行政复议案件或行政检察典型案件等工作情况，实现信息互通、资源共享。存在行政复议被纠错、行政诉讼败诉的执法案件由被纠错执法单位或败诉执法单位进行相关原因分析、法律解读、形成复盘结论，年度由联络室牵头汇总形成《行政争议复盘白皮书》，提炼经验，提升执法办案能力。

4. "5"：构筑"3＋N"的五重保障

（1）聚力构建理论体系，实现制度保障扎实有效。围绕构建"3＋N"多元共治理论体系目标，出台《关于推行江北区"大综合一体化"行政执法改革"3＋N"多元共治的实施意见（试行）》，配套制定《江北区行政执法"四书两单"工作机制》《关于规范涉企行政处罚免加罚工作若干问题的指导意见（试行）》等文件，为"3＋N"多元共治体系运行提供有力的制度保障。

（2）聚力整合物理体系，实现空间保障完整到位。建立全省首个集"共享法庭""检察官办公室""执法监督指导站"于一体的多元共治联络室，高标准打造联络室空间，面积达到100 ㎡，合理设置办公区、会商区、档案资料区等功能区块，配备电脑、打印机、远程设备、投影仪等硬件设施，成为协同化解基层矛盾、开展多元协商的重要阵地，为"3＋N"多元共治体系运行提供有力的空间保障。

（3）聚力构建组织体系，实现组织保障坚实有力。"3＋N"多元共治联络室由江北区综合行政执法改革领导小组办公室直接领导，并常设秘书处开展日常工作联络，首任秘书长由区综合行政执法局执法分管局长担任，并以六个月为一期由联络室中19家单位分管领导轮任，为"3＋N"多元共治体系提供有力的组织保障。

（4）聚力构建协同体系，实现信息保障畅通有序。打通信息共享链，加强信息保障，定期互相通报行政复议、行政诉讼、行政检察和"大综合一体化"行政执法改革推进工作情况，加强各部门间的信息互通共享，为"3＋N"多元共治体系提供有力的信息保障。

（5）聚力构建宣传体系，实现宣传保障高效有质。及时总结"3＋N"运行中的成功经验和案例，加大宣传力度，发挥典型示范作用，营造良好的社会舆论氛围，为"3＋N"多元共治体系运行提供有力的宣传保障。

（三）"3＋N"多元共治体系的运行成效

1. 行政复议与行政诉讼"双下降"

江北区的"3＋N"有效运行以来，江北区综合行政执法条线在实现2023年半年度案件量同比增长124.8%的同时，行政争议发案量同比下降54%，行政复议零纠错、行政诉讼零败诉两案"双零"，有效实现案件办理量质双升。赋权街（镇）办结的行政处罚案件无一起被提起行政复议或诉讼。"教科书式"执法模式获评全省"有辨识度有影响力法治建设成果"、县乡法治政府建设"最佳实践"项目等荣誉。

2. 争议化解与矛盾化解"双提升"

江北区通过"共享法庭""检察官办公室""执法监督指导站"将多元调解融入执法全过程，丰富基层争议案件诉前协商机制。共建"综合执法＋多元调解"调解模式，充分发挥争议化解前哨预警优势，将基层执法中的矛盾化解在萌芽状态。"3＋N"机制运行以来，已累计指导调解矛盾326次，化解纠纷300起，开展专项监督16次。

3. 基层治理能力与法治营商环境"双优化"

江北区通过推行"以案治源"工作模式、设立"3＋N"多元共治企业服务联络点，强化溯源治理思路，通过整合执法、司法资源，推动基层矛盾纠纷从执法末端向管理前端发力，"组团式"深入企业实地，引导市场主体以守法合规为导向建立内控机制，有效规避行政处罚风险。2023年3月，在浙江省工商联公布的"万家民营企业评营商环境报告"中，江北区位列2022年度浙江营商环境企业满意度综合前十强。

（四）"3＋N"多元共治体系的创新性分析

1. 凝聚法治合力，完善联合监督体系

依据相关法律法规规定，法院、检察院、司法局对于行政执法行为都有相应的监督权，但实践中也存在着执法监督单一性、分散性和滞后性情形，以致监督分散、效率不高，未能形成对行政执法的有力支撑。在江北"3＋N"多元共治体系中，法检司的角色不再是孤立的监督单元，而是整合形成有机的共同体，完善了对行政执法的"联合"监督体系。通过整合各方资源，清晰划分各机构的职责和权利，确保监督的精准和高效，减少重叠和冲突，从而在有限的资源条件下实现更高的执法监督效率、形成更强的监督威慑力，确保行政执法的规范性和合法性。

2. 前馈控制管理，强化前端源头预防

"3＋N"多元共治体系强化溯源治理思路，通过整合执法、司法资源，识别和整理行政执法领域普遍性和典型性问题，推动基层矛盾纠纷从执法末端向管理前端发力，实现源头预防化解。同时建立行政执法监督部门对执法活动"全流程""大周期"监督，从后端监督拓展至前端预防，通过对易发领域、易错程序、易违事项制定专项执法规范指引，以制度规范提升执法质效，预防行政执法过程中可能出现的法律纠纷和执法风险。

3. 推行温度执法，优化法治营商环境

"3＋N"多元共治体系致力推进审慎包容执法方式，引导和促进当事人自觉守法。在法律的框架规定下，积极探索涉企行政处罚案件主动履行"免加罚"的利企措施。对非主观原因未在法定期限内缴纳罚款，但当事人积极履行整改义务并承诺合规经营的，减免其滞纳金罚款。促进行政相对人法律意识和主体责任意识提升，降低法院非诉案件申请执行率。在启发当事人诚信履行的法治意识与稳定当事人情绪的同时，有效优化江北法治营商环境，提升基层行政执法的力度和温度。

4. 创推以案治源，助推基层闭环治理

通过聚焦行政执法中发现的普遍性和典型性问题，分析查找管理、执法中存在的共性问题，依托多元共治联合会商，明确治源措施，制定《江北区行政执法"以案源头"工作清单》，形成执法发现问题完善闭环治理机制。通过进一步完善处罚后整改帮扶，对企业制发风险提示单，量身定制企业合规经营建议，构建一个更紧密协调的监管与执法协同体系，实现治源领域明确、治源措施到位、治源成效显著的目标，不断提升基层社会治理效能。

5. 延伸保障链条，释放基层治理活力

改革前基层执法能力往往因人员能力和资源不足等问题而显得相对薄弱，在江北"3＋N"多元共治体系中，通过为基层执法人员提供指导和支持，并提供执法规范指引等工具，赋权街镇的行政执法能力得到强有力的保障，确保了基层行政执法的合法性和合规性，提高基层行政执法的公信力。

（五）"3＋N"多元共治体系的经验启示

1. 以"增值化"理念撬动执法质效

江北"3＋N"多元共治体系坚持把全过程、全链条、全方位的"增值化"理念贯穿行政执法，发挥执法的服务、引导、规范、治理的价值功能和倍数效应，更好维护公平竞争市场秩序、保障群众合法权益，撬动提升执法质效，实现增值效应。

2. 以"整体政府"理念重塑执法模式

江北"3＋N"多元共治体系以"整体性政府理念"为导向，为实现提升法治化营商环境的同一个目标，整合跨部门、跨层级的19个相关部门和单位，打破原有的壁垒，建立"联席会议"和"联调会商"的协调机制，以及"信息共享"的信任机制，使得各个部门和层级能够更加紧密和顺畅地进行协作，保障"3＋N"目标的实现。

3. 以"前馈控制"理念降低执法争议

江北"3＋N"多元共治体系突破原有的事后监督和事中监督的范畴，打通执法全流程监督，运用前馈控制管理思维，针对执法普遍性问题和执法疑难复杂问题，联合分析查找管理与执法中存在的共性、漏洞问题指导后续行政执法工作，在问题出现前就进行规范干预，避免问题的发生，开展前端预防和控制，大大降低行政执法机会成本。

4. 以"依法行政"理念守牢执法底线

江北"3＋N"多元共治体系依托法检司的专业力量，运用教科书式执法、确保了执法人员能够少犯错误，甚至不犯错误，实现行政执法行为的规范化和法治化，始终坚守行政执法的底线，防止权力滥用，提高公众对行政执法机构的信任，从而构建一个规范化和法治化行政执法环境。

三、深化"3＋N"多元共治体系建设的对策建议

（一）进一步丰富参与主体

为了发挥更多主体的资源优势，应进一步丰富"3＋N"多元共治体系的参与主体。一是纳入行业主管部门。考虑将相关行业的主管部门纳入"3＋N"多元共治体系中，这不仅能够为执法部门提供专业的技术和政策支持，还能够更好地促进行政决策的科学性和专业性。二是吸纳社会力量。除政府机构外，还可考虑吸收其

他社会力量参与其中，如调解组织和律师团体等，更好地整合各方的资源和优势，从管理模式向治理模式转变，形成一个更为强大和多元化的执法体系。

（二）进一步推动管理精细化

为确保"3＋N"多元共治体系能够走深走实，实现其预期的效能，需要进一步推动"3＋N"多元共治体系管理精细化。一是将现有的执法标准或规范细化和具体化，并编纂成为"执法宝典"，以便执法人员在实际工作中随时查阅和应用。二是开展"面对面"现场执法监督指导。通过直接、实时的指导方式不仅可以及时发现问题，还可以为执法人员提供解决方案和建议。三是采用随机抽取和实地检查的方式进行全过程监督检查，确保监督的全面性和有效性，从而更好地保障执法的公正性和公平性。

（三）进一步提升品牌影响力

为强化"3＋N"多元共治体系在"大综合"一体化行政执法改革的地位，需进一步提升"3＋N"多元共治体系品牌影响力。一是加强宣传力度。通过各种媒体渠道和公关活动大力宣传"3＋N"多元共治体系，让更多的公众了解和理解它的价值和意义，从而提高其公众知名度。二是打造金名片。进一步打磨"3＋N"多元共治体系，确保该体系成为行政执法领域各方协商和协调的最主要平台，为行政执法带来更多的利益和价值，使之成为江北行政执法改革的金名片。

王笑言
陈　艳
叶　李

富阳区"大综合一体化"行政执法改革理论体系研究

推进"大综合一体化"行政执法改革是持续推进法治政府建设，实现国家治理体系和治理能力现代化的关键举措，具有牵一发动全身的战略意义。"大综合一体化"行政执法改革是具有开创性、引领性和变革性意义的重大改革，深入推进这项改革需要强有力的理论支撑。通过对"大综合一体化"行政执法改革的理论体系研究，不仅可以进一步梳理行政执法中存在的问题，探索出更加符合实际情况的行政执法模式，从而提高行政执法的效率和效果，而且为深化行政执法体制改革提供理论支撑和实践指导，对于推动法治政府建设、国家治理体系和治理能力现代化具有重要的现实意义和长远影响。"大综合一体化"行政执法改革的优化发展可以从改革理念、体制架构、机制重塑、改革工具和制度保障五个方面中寻找到可行的答案，这些方面共同构成了一个完整的"大综合一体化"行政执法改革的理论体系，为改革的推进提供了坚实的理论基础。

一、改革理念：引领改革方向

"大综合一体化"行政执法改革以整体政府理念统筹行政执法，对行政执法进行结构性、体制性、机制性的系统集成改革，其改革理念、体制架构、机制重塑、改革工具和制度保障之间有着紧密的关系。这五个方面是相互联系和相互促进的，通过改革理念的引领，构建新的行政执法体制架构和机制，运用有效的改革工具，加强制度保障，能够推动行政执法工作的全面提升和改进。"大综合一体化"行政执法改革通过这五个方面进行有机整合和科学集成，保障整体政府理念有效应对改革中所需要解决的问题。

作者简介：王笑言，浙江财经大学副教授；陈艳，浙江财经大学硕士研究生；叶李，浙江工商大学讲师。

（一）为企服务导向，缓解扰企扰民问题

企业服务导向是现代政府管理的一个重要理念，强调政府要积极为企业提供优质、便捷、高效的公共服务，以促进经济发展和社会进步。在行政执法领域，"大综合一体化"行政执法改革通过精简行政执法流程、规范行政执法行为、建立企业信用体系等一系列措施，减少不必要的检查和处罚，降低企业和群众的行政负担，营造更加良好的营商环境。富阳区对"综合查一次"进行了迭代和深化，以"乡镇街道"为统筹主体，有效解决了"综合查一次"发起难、发起无序的问题，极大提高检查协同，也切实减轻企业负担。通过清单化管理助力"综合查一次"的实施操作，加强营商环境的透明度和可预测性，为市场主体提供了稳定的监管预期。此外，通过实施企业"承诺清单"，运用"信用承诺"既强化了市场主体自身的责任，还实现了监管资源的优化配置和精准监管的目标。通过规范化文书指引，有效规范"综合查一次"后端的行政处罚环节，维护行政相对人的利益，提升营商环境的法治化。截至 2023 年第二季度，富阳区投诉量同比下降 14.97%，满意度上升 2.71%，全区各类市场经营主体同比增长 11.70%，营商环境得到持续优化改善。

（二）整体政府指引，突破行政执法难题

"大综合一体化"行政执法改革在整体政府理念下，实现跨部门、跨层级的合作和协调，各部门之间建立密切合作关系，共享信息、资源和管理经验，共同解决改革中出现的问题。富阳区聚焦解决跨部门跨领域行政执法中难以统筹协调的问题，设立"富阳区统一协调指挥中心"独立的空间载体，从目标功能、组织保障、工作机制三个方面，构建富阳区行政执法统一协调指挥体系。富阳区行政执法统一协调指挥中心形成监管执法大综合、执法活动大协调、执法主体大指挥、全过程审查大法制、执法行为大督查、执法人员大保障的"六大功能"，确保纵向到底、横向到边的协同。为确保"六大功能"目标的实现，在组织体系、场所空间、人员配备上形成了三大保障体系。通过建立"一站式"工作机制，明确指挥中心的组织架构、工作方法和运作流程，一方面发挥了指挥中心的协调功能，另一方面解决了行政执法中疑难杂症的集中处理，切实保障了指挥中心的有效运行。

二、体制架构：重构条线权力

"大综合一体化"行政执法改革必须实现行政执法部门权力运行的制约和协调，进而保证执法权的平稳运行，有效实现整体性治理。"大综合一体化"行政执法改革必须具有统一的职能体系、合理的组织结构体系和权力运行保障体系，才能发挥其整体性效能。因此，探索"大综合一体化"行政执法改革要致力于优化体制架构，通过块上的部门权力重构和条上的赋权乡镇，进一步实现了行政执法改革合法性与效率性统一。

（一）部门权力重构，加大综合执法力度

"大综合一体化"行政执法改革将按照整体政府理念统筹行政执法，通过合并多个领域执法事项、整合多个条线行政执法队伍，实现综合行政执法，从而减少执法队伍数量，精简执法队伍人员。同时，通过优化配置执法资源，健全执法协同机制，实现部门间、区域间、层级间的一体联动，有效解决部门间权责不清、重复执法、执法扰民等问题，提高行政执法效率。富阳区整合执法职责和执法队伍，加大力度推进跨部门跨领域执法职责整合，按照"成熟一项、划转一项"原则，根据法定程序，逐步将市场监管、文化市场、交通运输、农业、自然资源、应急管理等领域的行政处罚权纳入综合执法范围。执法队伍方面，除中央、省明确设置专业执法队伍的领域外，其他领域均不再保留专业执法队伍，其行政处罚事项和执法队伍原则上整合纳入综合行政执法部门。最终梳理形成行政执法事项总清单，健全完善综合执法事项清单、专业执法事项清单、乡镇执法事项清，形成"1+3"全覆盖的行政执法事项管理体系和"1+8"执法队伍体系。

（二）赋权乡镇街道，推进执法延伸基层

"大综合一体化"行政执法改革将多个领域执法事项纳入综合行政执法范围，将多个条线行政执法队伍能统尽统，并在此基础上按需向乡镇（街道）赋权，将行政执法力量向基层下沉，实现乡镇（街道）对综合行政执法工作的统筹管理，有效解决基层"看得见管不了"的难题。富阳区根据"客观需求、有效承接"原则，建立涵盖乡镇（街道）经济、人口、社会治理、执法资源和执法能力等方面的评估机制，对配置条件成熟并通过评估的乡镇（街道）依法赋予县级行政执法部门部分法定行政处罚权，以乡镇（街道）名义开展执法。同时，探索派驻执法人员"县属乡用共管"，更好地集约执法资源、提升整体执法效能，并由乡镇（街道）副书记担任合法性审核机构负责人，持续提高乡镇（街道）合法性审查能力。富阳区24个乡镇（街道）拥有6个领域108项行政处罚权及相关行政检查权、行政强制权，违章建筑、垃圾分类、出店经营、秸秆焚烧等常见事项，都由乡镇（街道）以自身名义行使行政处罚权。

三、机制重塑：强化整体治理

整体性治理是"大综合一体化"行政执法改革所追求的改革机制特性，它强调部门之间的相互信任、沟通协调和合作共治。"大综合一体化"行政执法改革通过有效的整合和合作使得不同部门同心同向发力，建立信任与合作机制实现跨部门跨领域的整体性运作，从而超越传统改革机制，有效地推进改革。"大综合一体化"行政执法改革运用整体性治理的协调和信任机制，促进行政执法的综合性和协同性，提升行政执法的效率和公信力，推动行政执法体系的创新和发展。

（一）构建整合机制，增加执法合力

"大综合一体化"行政执法改革旨在将各类行政执法权力进行整合，形成综合性的执法体系，实现行政执法的协同效应。在整合过程中，需要将不同领域、不同部门的行政执法资源进行整合，打破部门之间的壁垒，促进信息共享和资源优化配置，实现行政执法的综合性和协同性。富阳区推进监管执法一体协同，按照"谁审批谁监管、谁主管谁监管"原则，筑牢监管闭环链条。事项和机构整合到位后，综合执法部门加强对固定监管对象以外的日常巡查，强化与业务主管部门协同配合，形成监管合力。

（二）构建协调机制，增进执法协同

"大综合一体化"行政执法改革需要建立协调机制，协调不同部门、不同层级之间的行政执法活动，确保行政执法的顺畅进行。通过建立协调机制，可以解决行政执法中的矛盾和冲突，促进各部门之间的合作，实现行政执法的统一性和协调性。富阳区建立基层执法协同机制，乡镇（街道）依托"基层治理四平台"和"富春智联"等平台，健全基层综合执法机构和专业执法机构"一体化"联动机制，进一步发挥乡镇（街道）在行政执法中的指挥功能。区指挥中心、区司法局及相关部门加强业务指导、执法监督，建立健全统筹协调机制，定期评估，完善评议、考核制度。

（三）构建信任机制，增强执法公信

"大综合一体化"行政执法改革需要建立信任机制，增强公众对其的信任和支持。通过对行政执法加强监督和评估，确保行政执法的公正性和合法性，树立执法部门公正、透明、服务的形象，增强公众对行政执法的信任。富阳区完善行政执法投诉举报和处理机制，畅通社会公众监督渠道。完善廉政风险防控机制，加强行政执法监督工作体系建设，推进省行政执法监督信息系统的有效应用，开展行政执法案卷评查、行政执法专项监督和行政执法"公述民评"，实行以行政执法绩效为核心的行政执法评议制。

四、改革工具：突出数字赋能

整体性治理所强调的信息技术和网络技术等治理工具符合"大综合一体化"行政执法改革对改革工具选择的理论检视。改革通过整合不同的硬件设备资源和软件

信息技术，建立统一的管理数据库，简化流程和步骤，打破信息壁垒，实现统一有序的"在线治理"。信息技术的发展和应用为行政执法创新管理方法、提高管理效能提供了技术支撑，为提高综合行政执法效率提供了有效的技术路径。

（一）硬件工具保障，奠定数字赋能基础

"大综合一体化"行政执法改革通过对现有的硬件设备进行更新换代、优化配置和集成整合，以实现对行政执法工作的全方位、全过程、全覆盖的监管和执法。在硬件设备升级方面，将更新换代执法车辆、电脑、手机等设备，确保设备性能能够满足改革的需求。在硬件配置优化方面，将根据改革的需要，增加监控摄像头、无人机等设备，实现全方位的监管和执法。在硬件集成整合方面，将对硬件设备进行集成整合，实现信息共享、流程贯通、业务协同，提高执法效率和精度。富阳区行政执法改革中利用先进的高科技设备，对原有的基础设施进行升级改造，优化硬件布局，为实现数字化、信息化、智能化的行政执法管理奠定坚实基础。例如，引入智能执法记录仪、无人机、智能化监测设备等高科技执法设备，提高执法效率和精度；升级改造原有的监控系统、网络系统等基础设施，提高系统性能和稳定性；根据改革的需要，对硬件设备进行合理的布局和配置。

（二）软件工具支撑，实现数字赋能运用

"大综合一体化"行政执法改革的软件工具在改革中发挥着重要的支撑作用。通过建设行政执法信息化平台，整合各类执法数据和信息，实现信息共享、流程规范化、证据互认等功能，提高了执法效率。同时，开发综合行政执法数字化管理系统和移动执法 App（移动应用程序）等应用系统，使执法人员可以随时随地处理执法事务，提高执法响应速度。此外，通过数据接口标准和数据共享规范，实现不同部门、不同区域之间的数据共享和互联互通，提高了行政执法协同协作能力。另外，利用云计算和大数据分析技术，对行政执法数据进行分析和挖掘，提供决策支持和问题预警，提高了行政执法的科学性和精准性。这些软件工具的支撑使得"大综合一体化"行政执法改革得以实现行政执法工作的数字化、智能化和现代化，提高了执法效率和公正性，为人民群众提供了更好的执法服务。富阳区依托全省行政执法监管系统和全省统一行政处罚办案系统，围绕执法信息化流转、联动式协同、智慧化分析、精准化治理，推进综合执法智能化、数字化应用建设。归集共享多部门监管事项清单、检查情况、违法处罚情况、行政许可等数据信息，形成"审批—监管—处罚—监督评价"的"大执法"全流程功能闭环。拓展移动端一体化和非现场执法办案系统，通过执法流程再造，推进线上裁量基准智能匹配、执法要素自动关联、执法文书自动生成，"让群众零次跑，让队员无需跑"。

五、制度保障：健全支撑体系

推进"大综合一体化"行政执法改革在一定程度上依赖于制度保障。"大综合一体化"行政执法改革的制度保障是遍及于行政执法的各个环节中，促进和保障行政执法部门及其执法人员高效执法的一系列制度的综合。许多具体的政策措施和制度出台以支持改革的推进，包括人员编制管理，执法车辆、制式服装和标识标志管理，执法公示、全过程记录、基层法制审核、执法案卷评查等工作制度建设，以及明确联合执法工作流程等。加强"大综合一体化"行政执法改革的制度保障对于行政执法环境的有效改善、行政执法目标的高效实现、推进政府治理体系与治理能力现代化具有重要意义。

（一）规范人员编制管理，确保执法力量配置合理

浙江省出台的《关于深化"大综合一体化"行政执法改革的实施意见》中明确提出，要严格控制执法队伍规模和优化执法人员编制管理。因此，规范人员编制管理是推进"大综合一体化"行政执法改革的重要保障措施。过去由于不同部门之间的编制差异和管理混乱，导致执法力量配置不合理，存在一些部门执法力量过剩、一些部门执法力量不足的情况。通过制定科学合理的编制标准、建立编制管理机制、加强编制使用的透明度和优化执法力量配置等措施，可以有效解决执法力量配置不合理的问题，推动行政执法工作的规范化和高效化，也有利于提升政府公信力，增强社会公众对行政执法工作的信任和支持。富阳区按照"编随事走，人随编走"原则，有序整合全区行政执法队伍，确保职责整合与编制划转同步实施。结合事项划转比例、监管执法实际工作量等因素，科学划转现有执法人员编制，做优做强综合执法队伍，做精做专专业执法队伍，确保现有执法队伍人员编制总量只减不增。完善行政执法协辅人员管理相关制度，全面清理规范执法辅助人员，禁止在行政执法岗位使用执法辅助人员。

（二）建立行政执法培训体系，推动执法人员素质提升

《行政执法类公务员管理规定（试行）》和《公务员培训规定》等有关法律法规提到了推进行政执法培训的标准化和制度化建设。在推进"大综合一体化"行政执法改革的过程中，通过构建行政执法培训标准化工作体系，可以确保各级执法人员能够得到全面、科学、系统的培训，推动执法人员的素质不断提升。富阳区创新行政执法人才培养体系，建立常态化业务交流制度，组建专业讲师团队，全面落实执法人员集中轮训，探索编制"教科书"式执法指导规范，开展业务大练兵活动，及时编印行政执法优秀案卷、文书和典型案例。探索"执法满意度排行""赛马机制""执法队员积分制"等创新举措，定期评选执法之星，增强执法人员获得感和

荣誉感。鼓励执法人员参加国家统一法律职业资格考试，积极申领公职律师证，推进重大复杂疑难案件律师全过程参与跟办制度，完善执法行为"闭环"处置机制。促进执法队伍间相互学习、相互借鉴，共同提高行政执法规范化水平。

"大综合一体化"行政执法改革理论体系是一个有机整体，五个方面相互衔接、相互支撑，共同推动了行政执法工作的全面深化改革。改革理念是整个改革的指导思想。它决定了改革的立场、观点和方法，对于改革的整个过程具有至关重要的影响。在改革理念的指导下，体制架构是实现改革目标的核心框架。通过重构行政执法体制，整合不同领域的执法职责，实现综合行政执法，并优化执法流程，多跨协同，形成更加高效、规范的行政执法体系。机制重塑是推进改革的关键动力。这项改革涉及面广、政策性强，需要通过机制重塑打破原有行政执法的瓶颈，推动行政执法方式的创新与转变。改革工具是推动改革落地的具体手段。通过政策法规和信息技术这些工具的应用有助于推动行政执法的科学化、规范化、透明化。制度保障是确保改革成果的重要支撑。通过建立健全各项制度，可以保障改革的成果得以巩固和深化，确保改革的顺利进行。通过该理论体系的实施，可以有效地提高行政执法的效率和公正性，对于深化行政执法体制改革、优化社会治理、建设法治政府和实现国家治理体系和治理能力现代化起到积极的推动作用。

姜志华
孙　欢

台州市黄岩区"乡镇一支队伍管执法"模式研究

一、黄岩区"乡镇一支队伍管执法"的主要做法与经验

"乡镇一支队伍管执法"是"大综合一体化"行政执法改革的重要内容。台州市黄岩区综合考虑所辖 19 个乡镇（街道）的地域特色、人口基数、乡镇规模、工业产值、基层需求等实际情况，分门别类采取不同模式，即 7 个镇街采取赋权模式，6 个镇街采取派驻模式，6 个乡采取辐射模式，简称"766"模式，为全省"乡镇一支队伍管执法"提供借鉴和参考。

（一）赋权模式

1. 适用条件

根据黄岩区"乡镇一支队伍管执法"赋权模式的经验，本研究认为，乡镇（街道）具备下列条件时优先选择赋权模式：承接事项能力较强，承接事项意愿较强，规模较大，办案量较多，离中心城区较远。承接事项能力强弱主要以乡镇（街道）基层站所力量是否完备为判断依据。承接事项意愿强弱主要以乡镇（街道）对事项的需求为判断依据。乡镇规模大小主要以是否属于中心镇、经济体量、人口规模等指标进行判断。办案量大小以最近五年办案量相对比较进行判断。

黄岩区赋权模式乡镇（街道）的条件如表 1 所示。

作者简介：姜志华，浙江大学公共政策研究院研究员，浙江省公共政策研究院的研究员；孙欢，浙江大学硕士研究生。

表 1　黄岩区赋权模式乡镇（街道）的条件

乡镇（街道）	承接事项能力（常驻人数/常驻条线数）	承接事项意愿	辖区面积/km²	人口/人	2021 年规模以上产业增加值/万元	五年办案量/件	中心距离/km
北洋镇	41/8	较强	68	30657	39845	770	18（30 分钟）
院桥镇	37/8	较强	80（省级中心镇）	85000	79690	1420	10.6（27 分钟）
北城街道	35/6	较强	32	83200	168778	2330	0
新前街道	23/4	较强	47	55718	269952	1119	4.5（15 分钟）
江口街道	31/4	较强	31	35000	302143	2172	8（17 分钟）
头陀镇	17/2	较强	59	37657	20439	476	11（25 分钟）
宁溪镇	27/4	较强	89（省级中心镇）	16000	3168	418	38（50 分钟）

注：中心距离括号内时间为乡镇人民政府或街道办事处到区人民政府非高峰期驾车时间。

2. 组织运行

（1）赋权事项："基础库 + 自选库"模式。黄岩区在首批试点乡镇（街道）基础上科学研判、精准分析，确定赋权乡镇（街道）的事项采取"基础库 + 自选库"模式，其中基础库为 87 项高频高发易行使事项，包括综合行政执法部门 55 项、应急管理部门 19 项、消防部门 13 项，自选库是乡镇（街道）根据自身实际情况可以差异化选择，目前只有院桥镇因辖区内有鉴洋湖湿地公园选择了林业领域的湿地保护 6 项执法事项。

（2）组织架构："功能 + 片区"模式。在组织领导上，乡镇（街道）综合行政执法队设队长 1 名，由乡镇（街道）政府主要负责人兼任；设副队长 3 名，其中 1 名常务副队长，由乡镇（街道）常务副镇长（主任）兼任（如无常务，由副书记兼任），1 名由综合行政执法局派驻镇（街道）的综合行政执法中队长兼任，1 名专职副队长。

在内部设置上，设综合协调、法制审核、综合执法、机动执法等专项工作组。其中，综合协调组负责协调执法队日常工作开展，负责平台流转、数据统计、材料汇编、档案收集等工作；法制审核组配备具有法制审核资格的人员，负责对执法队所制作的案卷审核工作；综合执法组有若干个，负责对应片区的具体执法工作，由片区需要的不同条线执法人员组成，以院桥镇为例，综合执法一组负责镇中区块，综合执法二组负责镇东区块，综合执法三组负责镇西区块，综合执法四组负责镇北区块；机动执法组由派驻人员较少、执法量较少的部门派驻执法人员组成。

（3）人员配备：部门派驻下沉人员 + 乡镇（街道）人员。在黄岩区赋权乡镇（街道）综合行政执法队中，既有部门派驻下沉人员，也有乡镇（街道）人员。

（4）运行模式：双线并行。对于赋权乡镇（街道）事项，乡镇（街道）综合行政执法队履行日常巡查监管，并对违法行为以乡镇（街道）名义开展执法办案。

对于非赋权乡镇（街道）事项，乡镇（街道）综合行政执法队中有该主管部门2名及以上下沉执法人员的，由下沉人员以原单位为执法主体开展执法办案；不足2人的，乡镇（街道）综合行政执法队通过协同指挥、证据共享等数据平台将案件移交给主管部门处理。

（二）派驻模式

1. 适用条件

根据黄岩区"乡镇一支队伍管执法"派驻模式的经验，课题组研究认为，乡镇（街道）具备下列条件时可优先选择派驻模式：承接事项能力一般，承接事项意愿较弱，规模适中，办案量适中，离中心城区近。

黄岩区派驻模式乡镇（街道）的条件如表2所示。

表2　黄岩区派驻模式乡镇（街道）的条件

乡镇（街道）	承接事项能力（常驻人数/常驻条线数）	承接事项意愿	辖区面积/km²	人口/人	2021年规模以上产业增加值/万元	五年办案量/件	中心距离/km
西城街道	50/9	较弱	25	109000	52693	4066	0
东城街道	61/8	较弱	16	98100	182598	3061	0
南城街道	29/4	较弱	17	29066	23914	1004	0
澄江街道	18/2	较弱	35	46374	94139	606	6（17分钟）
高桥街道	17/2	较弱	20	32000	69124	459	7（21分钟）
沙埠镇	19/2	较弱	44	24320	21660	273	12（28分钟）

注：中心距离括号内时间为乡镇人民政府或街道办事处到区人民政府非高峰期驾车时间。

2. 组织运行

（1）组织架构："业务+网格"模式。在组织领导上，乡镇（街道）综合行政执法队设队长1名，由乡镇（街道）政府主要负责人兼任；设副队长3名，其中1名常务副队长，由乡镇（街道）常务副镇长（主任）兼任（如无常务，由副书记兼任），1名由综合行政执法局派驻镇（街道）的综合行政执法中队长兼任，1名专职副队长。

在内部设置上，设综合协调、综合执法等专项工作组。其中，综合协调组负责协调执法队日常工作开展，负责平台流转、数据统计、材料汇编、档案收集等工作；综合执法组负责辖区内执法工作，综合执法组有若干个，将执法职能互相关联或执法对象存在交叉的条线分在一组，以西城街道为例，综合执法一组由市监、自规、生态部门派驻执法人员组成，综合执法二组由卫健、文化部门派驻执法人员组成，综合执法三组由交通、农业部门派驻执法人员组成，综合执法四组主要由综合行政执法部门派驻执法人员组成。

（2）人员配备：同赋权模式。

（3）运行模式：乡镇（街道）指挥＋部门执法。以派驻模式开展"乡镇一支队伍管执法"的乡镇（街道）配备专人运行乡镇（街道）综合行政执法队，负责统筹管理辖区内行政执法工作，通过强化乡镇（街道）综合行政执法队对下沉执法力量的统筹协调指挥能力，建立健全乡镇（街道）行政执法协调指挥机制，完善乡镇（街道）与县级行政执法部门的协作配合机制，协调指挥县级行政执法部门派驻在本辖区的执法力量及未派驻人员至本辖区的县级行政执法部门以部门名义执法办案。

（三）辐射模式

1. 适用条件

根据黄岩区"乡镇一支队伍管执法"辐射模式的经验，课题组研究认为，乡镇（街道）具备下列条件时可优先选择辐射模式：承接事项能力弱，承接事项意愿弱，规模小，办案量少，离中心城区远。辐射模式主要涉及黄岩区西部山区面积大、人口少、执法力量薄弱、案件量少、离中心城区远的乡镇（街道）。

黄岩区辐射模式乡镇（街道）的条件如表3所示。

表3　黄岩区辐射模式乡镇（街道）的条件

乡镇（街道）	承接事项能力（常驻人数/常驻条线数）	承接事项意愿	辖区面积/km²	人口/人	五年办案量/件	中心距离/km
富山乡	无	弱	53.86	11830	52	56（80分钟）
上郑乡	无	弱	93.3	3187	45	33（55分钟）
屿头乡	无	弱	98.88	3300	57	30（45分钟）
上垟乡	无	弱	67.58	8320	48	50（73分钟）
平田乡	无	弱	40.33	4368	47	33.4（55分钟）
茅畲乡	无	弱	30.32	13528	74	22（35分钟）

注：中心距离括号内时间为乡镇人民政府或街道办事处到区人民政府非高峰期驾车时间。

2. 组织运行

"辐射乡吹哨＋中心镇报到"模式。辐射乡统筹辖区内所有执法行动，并确定专门科室专人（建议基层综合治理办公室）负责对接相关工作。由辐射乡发起执法需求，中心镇综合行政执法队即时反应解决，打造"1＋X"片区执法队伍，集中力量、协同作战，实现执法力量全覆盖、区域执法一体化。

二、黄岩区"乡镇一支队伍管执法"有待进一步解决的问题

（一）体制内在的问题

1. 赋权乡镇（街道）面临选择性执法风险

一是当执法目标与乡镇（街道）主要目标不一致时，乡镇（街道）有可能采取"不作为"选择性执法，为了乡镇（街道）的发展目标，对违法行为不执法；二是乡镇（街道）把执法看作完成乡镇（街道）中心工作的手段，采取"手段性"选择执法，违背执法本身的初衷和目的。

2. 部门人员下沉面临的困境

一是由于原有部门存在大量混编的现象，此次执法人员大量下沉后，部门出现人员短缺，影响了部门的正常工作，尤其影响部门后续监管职责的履行。二是由于待遇无法得到切实保障、乡镇条件与城区的差距、归属感不强等因素的影响，部门下沉人员意愿不强、积极性不高，影响"大综合一体化"行政执法改革的推进。

3. 部门派驻人员"县属乡用"面临的风险

一是部门派驻人员经常参与乡镇（街道）的中心工作，影响他们从事本专业工作，这种工作模式会使他们的专业能力下降，而且派驻人员在乡镇（街道）工作与条线工作之间很难平衡；二是部门派驻人员既受部门的指挥，也受乡镇（街道）的指挥，面临着"双重领导"困境，这让派驻人员无所适从。

（二）运行机制的问题

1. 乡镇（街道）执法很难满足不同条线的差异化执法要求

不同条线在执法流程、执法程序、执法惯例等方面存在差异，乡镇（街道）在行使赋权执法事项时很难适应和满足不同条线的差异化要求。

2. 基层站所的辐射范围与中心镇的辐射范围不一致的现实困扰

此次"乡镇一支队伍管执法"改革将基层站所归当地乡镇（街道）统筹管理，执法事项采取辐射周边乡镇的方式，但其辐射的乡镇范围与原先部门条线确定的基层站所辐射范围不完全一致，给基层站所开展工作带来诸多不便，也给被辐射乡镇带来管理主体的混乱。

3. 赋权后业务主管部门的监管不到位

赋权乡镇（街道）后，处罚权给了乡镇（街道），原有业务主管部门存在监管职责也划给乡镇（街道）的错误认识，监管力度下降，监管不到位。此外，监管发现问题后，案件移交衔接不畅。

4. 综合执法队员面临双线办案的困境

在赋权乡镇（街道）持有"双证"的执法队员，既办理赋权乡镇（街道）事项，又办理部门条线的非赋权事项，面临两套文书、两套程序、两个系统、两个统计口径等现实困境，不利于一线执法队员开展执法工作。

（三）支撑保障的问题

1. 乡镇（街道）综合行政执法队领导因时间和经验原因无法胜任其岗位职责要求

目前乡镇（街道）综合行政执法队有"一正三副"的队长设置，但由于他们工作繁忙，大部分又没有行政执法经验，难以保障他们履行乡镇（街道）综合行政执法队的领导职责，导致统筹协调指挥力度不够。

2. 执法人员的结构与素质无法满足改革的需要

一是大部分赋权乡镇（街道）的法制审核工作是由综合执法条线的力量完成的，乡镇（街道）没有自身专职的法制审核员，乡镇（街道）行政执法法制审核不能得到有效保障。二是大量处罚事项划到综合执法部门后，综合执法队员包括派驻乡镇的队员专题培训未能及时跟进，使得其执法业务水平与执法要求不匹配。

3. 执法硬件条件无法满足"大综合一体化"行政执法改革要求

乡镇（街道）在承接执法事项的过程中，面临空间场地、执法装备紧张的问题。由于乡镇（街道）财力不同，行政执法装备状况出现不均衡、不统一、不规范现象。在实际执法工作开展中，现有装备捉襟见肘现象时有发生。

三、黄岩区"乡镇一支队伍管执法"改革提升建议

（一）进一步加强乡镇（街道）行政执法队伍的领导组织

一是设置专职副科级乡镇（街道）行政执法队队长，统筹协调指挥领导乡镇（街道）各执法分队，乡镇（街道）有对应的办公室负责乡镇（街道）行政执法队日常管理工作；二是区政府统筹乡镇（街道）法制员的招聘与培训工作，并提高法制员待遇，吸引留住优秀法制员；三是创新培训方式，加大培训力度，尤其是新划转执法事项的培训，扩大培训实效，不断提高乡镇（街道）执法人员的法治思维、业务能力和职业素养。

（二）进一步理顺"乡镇一支队伍关执法"的运行机制

一是进一步厘清乡镇（街道）与部门的执法监管边界，明确并强化部门的监管职责，建立对部门监管职责履行的监督机制，加强监督考核，同时健全乡镇（街

道）与部门的执法协同机制；二是调整乡镇（街道）辐射关系或条线基层站所辐射范围，使得中心镇执法辐射的乡镇范围与原先条线部门确定的基层站所辐射范围保持基本一致；三是针对派驻执法力量较为充足的部门，尝试将派驻执法人员区分办理赋权事项与非赋权事项，提高执法事项办理的专业性和效率。

（三）进一步优化部门派驻人员的管理模式

一是在完成60%执法人员下沉的目标基础上，权衡部门混编实际情况合理确定下沉比例，同时切实保障部门派驻人员高于部门20%的待遇，提高派驻人员的积极性；二是界定部门派驻人员参与乡镇（街道）中心工作的场景、方式等关键因素，确定派驻人员参与乡镇（街道）中心工作的负面清单，并建立考核乡镇合理使用派驻人员的机制，制定相应的考核办法；三是合理区分乡镇（街道）与部门对派驻人员的领导内容，原则上乡镇（街道）负责派驻人员日常工作的领导指挥，部门负责业务指导与提升，并加强乡镇（街道）与部门在派驻人员调遣上的沟通协调。

（四）进一步强化赋权乡镇（街道）行政执法事项履行的监督和保障

一是随着赋权乡镇（街道）的不断推进，重点关注乡镇"不作为"的选择性执法情景，建立相应的监督机制与办法，加强监督考核；二是关注乡镇（街道）"手段性"执法的现象，以及"手段性"执法带来的负面影响，加强乡镇（街道）行政执法初衷的宣传与教育；三是加大乡镇（街道）执法队伍建设的硬件投入，为乡镇（街道）执法提供有力的保障。

乡村振兴

范柏乃

如何保护好、发展好浙江数千古村落

——"人人是股东，人人是文保员"古村落保护发展诸葛模式调查

古村落，是乡村文化遗产的博物馆，是乡村记忆的百科全书和中华优秀文化的资源宝库。截至 2022 年底，浙江列入中国古村落保护名录的村共计 6 批次 701 个，列入省级古村落的村共计 2 批次 796 个，列入省历史文化保护利用重点村共计 10 批次 432 个、一般村 2105 个。如何保护好、发展好浙江古村落，并让村民尽快富起来，一直是党委、政府和社会各界共同关注的重要议题。

经过长期探索，兰溪诸葛八卦村（简称诸葛村）形成了"人人是股东，人人是文保员"的古村落保护发展诸葛模式，走出了一条古村落保护与发展相辅相成、"村"与"民"互利共享、让村民在古村落保护发展中富起来的新路子。

为深入了解诸葛村古村落保护发展经验，笔者多次带队赴诸葛村实地考察，总结该模式的基本做法、实施成效和政策建议如下。

一、"人人是股东，人人是文保员"古村落保护发展诸葛模式的基本做法

第一，将文物法融入村规民约，实现依法保护。强化文物保护法治宣传力度，将《中华人民共和国文物保护法》写在墙上、印成折页、张贴在村宣传栏内，每年制作分发《中华人民共和国文物保护法》《诸葛村村规民约》主题挂历，《诸葛村村规民约》明确毁坏文物的处罚措施，强化"人人是文保员"的法律意识。

第二，与村民签订保护责任书，实施挂牌保护。摸清全村古建筑数量及现状，划定所有古建筑的保护责任范围和属地范畴，与村民签订保护责任书，实施挂牌保

作者简介：范柏乃，九三学社浙江省委员会副主委、浙江省人大常委会委员、浙江大学公共政策研究院副院长。

护，强化"人人是文保员"责任意识。对私有产权文物建筑，村集体采取与村民协商收购产权、补助维修经费、收取押金、强制抢修等措施实施抢救性保护。

第三，加强文物保护科学规划，建立村民自治"百姓护宝团"。科学编制《兰溪市历史文化村落保护若干意见》《诸葛村保护规划》等，明确原真性和整体性保护；建立"百姓护宝团"，让文物保护贴近村民生活，为每一幢文物建筑配置对应"网格员""安全员"，强化"人人是文保员"的自治意识，激发村民守护古村落的自觉性和创造性。

第四，创建"人人是股东"集体经济发展模式，建立"村""民"互利双赢共同体。成立旅游发展有限公司，创建"村委会统筹—村民入股—公司运营"的"人人是股东"集体经济发展模式，建立"村""民"利益融合、互利双赢发展的共同体，让文化资源转化为公司资本、村民转化为公司股东。每年安排 500 余万元资金，引导和促进古宅民宿、研学旅游、文化商品、地方特产和服务餐饮等文旅产业发展。做强文旅 IP（直译为"知识产权"，引申为所有成名文创如文学、影视、动漫、游戏等作品的统称），促进文旅联动，带动村民家门口就业。

第五，打造文物治理掌上平台，实现数字化精细化治理。运用数字技术开展精细化监管，打造文物治理掌上平台，实时查看调取文保单位视频监控、文保员巡查打卡统计、文物安全报警、村民报送信息、下达工作任务等信息动态。全村 159 处建筑纳入平台监管，累计发出监测预警信息 1000 余条，巡查效率提升 50%。

二、"人人是股东，人人是文保员"古村落保护发展诸葛模式的实施成效

实践表明，"人人是股东，人人是文保员"古村落保护发展诸葛模式通过保护促进发展，用发展反哺保护，能处理好古村落保护和发展的关系，是一种行之有效的古村落保护发展模式。

第一，实现古村落的原真性和整体性保护。2000 年至今，诸葛村累计投入 6000 多万元保护经费，修复古建筑 6 万多平方米、古道路 6 万多米，成为我国保护得最好、群体最大、形制最齐和文化内涵深厚的古村落之一。现有明代至民国时期文物建筑 159 处，构筑物与遗址 4 处，总建筑面积 6.21 万平方米。先后获得国家 4A 级旅游景区、全国重点文物保护单位、国家非物质文化遗产地等 20 余个"国字号"荣誉。

第二，做强村集体经济和增加村民收入。诸葛村在保护上坚持原真性和整体性，在发展上突出"村""民"互利共享，在做大做强集体经济同时，不断增加村民收入。村集体经济收入从 2010 年的 520 万元增长到 2021 年的 2500 万元，村民人均可支配收入从 2010 年的 2.3 万元提高到 2021 年的 5.87 万元；2021 年，景区门票收入突破 2000 万元，旅游综合收入 1.95 亿元，接待国内外游客 60 余万人次。诸

葛村村民免费享受农村养老、医保等福利待遇，60 岁以上老年人每月享受 300 多元的生活补贴。

第三，带动周边地区做强古韵文章和促进村民共富。在诸葛模式的带动下，兰溪一批古街、古村、古镇做强古韵文章。如游埠古镇，通过"摄影 + 美食""文旅 + 美食"，打响早茶街品牌，获得国家 3A 级景区、省 4A 级景区镇、省级美丽城镇样板等荣誉；又如女埠"非遗"小镇通过古街"非遗商铺区""非遗体验馆""非遗工匠园"等"非遗"一条街打造，挖掘历史文化资源，利用"非遗 +旅游"推动文旅融合，打响"非遗"品牌。

三、让村民在古村落保护发展中富起来的政策建议

浙江省古村落保护力度较大，实施成效明显，但也存在着"重开发不重保护""重有形轻无形""保文物不保文化""有保护意愿无保护能力""政府摇旗呐喊村民冷漠旁观""会保护不会发展"等问题。"人人是股东，人人是文保员"古村落保护发展诸葛模式为破解古村落保护发展困境提供重要启示。

第一，做实做细做深古村落保护的法律宣传工作，强化古村落依法保护力度。浙江省于 2012 年颁发《浙江省历史文化名城名镇名村保护条例》，并于 2020 年修正，11 个设区市分别出台传统村落保护条例，目前已建立较为完备的古村落保护法律体系，为保护古村落提供了重要的法律依据。但总体上看，广大干部群众对古村落保护的法律知晓度较低、法律意识淡薄，影响古村落依法保护实效。建议学习借鉴诸葛模式，做实做细做深古村落保护法律宣传工作，提高干部群众的法律知晓度和认可度，强化古村落依法保护力度。

第二，建立"村""民"利益共同体，强化古村落保护发展的内生动力。诸葛模式之所以行之有效和经久不衰，根本在于创建"人人是股东"集体经济发展模式，建立"村""民"互利双赢的共同体。学习借鉴诸葛模式，要找到保护和发展平衡点，处理好"村""民"关系，构建"村委会统筹—村民入股—公司运营"的村集体经济发展模式，村民通过民居产权、资本投入和劳动用工等方式入股，建立"村""民"利益共同体，在做大做强集体经济同时，不断提高村民收入和获得感，强化村民古村落保护发展的内生动力。

第三，构建古村落保护发展数字化服务平台，全面提高古村落保护发展能力。诸葛村率先打造文物治理掌上平台，通过精细化动态监管，提高古村落保护发展水平。学习借鉴诸葛模式，要强化数字技术对古村落保护发展赋能作用，深入挖掘历史文化资源，拓展数字化应用场景，加快古村落生态监测预警体系、公众监督治理体系、保护发展服务体系、数字文物资源库和数字博物馆建设，构建古村落保护发展数字化一体化服务平台，激活盘活传统文化资源，全面提高古村落保护发展能力。

　　第四，制定"人人是股东，人人是文保员"古村落保护发展实施方案，加快诸葛模式推广应用。从实践价值、总体框架、基本做法、运行机制、组织保障和支撑条件等方面，制定"人人是股东，人人是文保员"古村落保护发展实施方案，建立古村落保护发展一整套程序化、规范化和标准化的工作体系、制度体系和评价体系，加快诸葛模式在全省推广应用。

彭小兵
柳鲲鹏
范玉峰
高艺宁

旅游产业嵌入与乡村环境长效治理机制

——重庆市万盛经开区的产业转型之路

　　良好的生态环境是实现乡村全面振兴的必由之路。本研究使用案例研究法，对重庆市万盛经济技术开发区（简称万盛经开区）全域旅游政策助推旅游产业嵌入农村环境治理机制进行考察。研究表明，全域旅游政策在万盛经开区产业结构转型与农村环境治理中存在"组织嵌入""政策嵌入""资本嵌入"过程。从政策转移视角来看，全域旅游政策移入万盛经开区遵循"行动者—情境—产出"过程，并取得了良好的政策绩效；从共生理论出发，旅游产业与生态环境共生发展能够促进乡村环境的长效可持续性治理。本研究为资源枯竭型区域摆脱"资源诅咒"，以及实现产业绿色转型与农村环境有效治理提供了经验证据与理论支撑。

一、问题的提出

　　"农业、农村、农民"问题是关系国计民生的根本问题。2004 年至 2024 年，中共中央连续 21 年发布以"三农"为主题的中央一号文件。2024 年 2 月，《中共中央 国务院关于学习运用"千村示范、万村整治"工程经验有力有效推进乡村全面振兴的意见》发布，内容包括确保国家粮食安全、确保不发生规模性返贫、提升乡村产业发展水平、提升乡村建设水平、提升乡村治理水平、加强党对"三农"工作的全面领导六个部分。其中，在提升乡村产业发展水平部分提出，实施乡村文旅

　　作者简介：彭小兵，重庆大学公共管理学院教授，重庆大学公共经济与公共政策研究中心副主任；柳鲲鹏，浙江大学公共管理学院博士研究生；范玉峰，重庆大学公共管理学院博士研究生；高艺宁，武汉大学政治与公共管理学院硕士研究生。

深度融合工程，推进乡村旅游集聚区（村）建设，培育生态旅游、森林康养、休闲露营等新业态。由此可见，旅游产业嵌入下的乡村产业转型不仅是乡村振兴战略背景下实现农村人居环境改善的重要途径，也是通向产业发展向绿色发展转型的高质量发展、加速推进新质生产力形成的必由之路。

在众多乡村发展路径中，乡村旅游以其参与形式的多样性、参与主体的广泛性、旅游效益的综合性，尤其是能促进城乡文化的交流而受到各地政府的欢迎。国外学者对乡村旅游的研究聚焦于乡村旅游的概念、乡村旅游与乡村可持续发展的相互关系、基于供给和需求的乡村旅游发展的动力机制、社区居民对乡村旅游的态度等领域[1]，相较而言，国内学者更关注探讨乡村旅游的概念与特征、中国乡村旅游的发展现状、发展模式、存在问题和发展对策[2]。"乡村性"是乡村旅游的核心特征[3]，也是乡村旅游整体的推销核心和独特卖点。在乡村旅游引导乡村振兴的逻辑机理和驱动机制研究中，既有研究认为，发展乡村旅游不仅能够实现乡村环境的生态宜居，还能够同时改善现有乡村治理结构中存在的居民收入过低、基础设施缺乏、农村空间结构布局不合理、农村空心化等问题[4]，有效引导和推动更多资本、人才、信息、技术、管理等要素向乡村地域空间流动，促进乡村一、二、三产业融合发展，促进乡村的全面振兴[5]。乡村旅游引导乡村振兴的逻辑机理和驱动机制如图 1 所示。

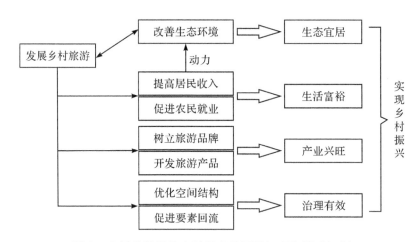

图 1　乡村旅游引导乡村振兴的逻辑机理和驱动机制

在乡村振兴的基层具体实践中，针对如何促进城乡要素双向流动、加快补齐全面小康的"三农"短板等问题，乡村旅游产业发展给出了一份成果显著的答卷。在乡村旅游发展方兴未艾之时，万盛经开区也提出了本土化"全民健身，全域旅游"战略，以实现高资源能耗地区向山清水秀美丽之地的产业与环境转型。本研究将着笔于万盛经开区的乡村旅游发展实践，总结万盛经开区乡村环境治理的长效可持续机制，探讨旅游产业嵌入万盛经开区乡村治理体系的政策过程，揭示一个国家资源枯竭型地区到以生态旅游等第三产业为支撑的山清水秀美丽之地的转型之路。

本文的结构如下：第一部分是问题的提出。第二部分介绍了研究对象——万盛经开区——的基本情况，其后是对研究方法和理论视角的陈述。第三部分从协同治理角度探讨旅游产业嵌入前的乡村生态环境改善过程，即组织嵌入阶段，与村社共同体的建立与互动，以及区域型旅游发展联盟的创立，为政策嵌入提供了条件。第四部分从政策转移视角，运用"行动者—情景—产出"模型分析全域旅游政策嵌入万盛经开区经济社会发展的再建构过程。第五部分基于共生理论，探索万盛经开区实现生态与旅游共生的可持续发展模式的内在逻辑。第六部分则是本文的结论与启示。

二、研究设计

（一）研究对象：重庆市万盛经济技术开发区

重庆市万盛经济技术开发区 2011 年设立，由重庆市委、市政府直接管理，具有"经开区＋行政区"的体制特点。万盛经开区煤炭资源丰富，辖区内 1938 年开办的南桐煤矿有力支持了民族抗战大业，被誉为"抗战煤都"，为重庆乃至国家煤炭、钢铁工业做出了重大贡献。万盛经开区产业发展长期"一煤独大"。2009 年，万盛经开被列入全国资源枯竭型城市。2013 年初，万盛经开区确立了"315"发展战略，即"三个定位""一个目标"和"五大任务"。"三个定位"，是把万盛经开区建设成为国家资源型城市转型示范区、西部地区特色经开区、渝南黔北重要增长极；"一个目标"，是把万盛经开区打造成为全国知名旅游城市；"五大任务"则是振兴工业、繁荣城市、做强旅游、提升农业、改善民生。

自 2015 年实施全域旅游政策以来，万盛经开区旅游产业得到了较快的发展。2016 年，万盛经开区旅游产业接待人次达到 1273.4 万人次，同比增长 33.67%；旅游产业收入达到 642447.85 万元，同比增长 34.89%。2017 年与 2018 年的两项旅游业发展指标也都实现了较高的增长（2014—2018 年万盛经开区旅游接待数据见表 1）。目前，万盛经开区已经建立了以黑山谷景区等 AAAAA 级景区为代表的大型游乐景区群；以凉风梦乡村、板辽湖、更鼓苗寨等为代表的地方乡村特色旅游景区群。通过各种形式的媒体宣传，建设了"山水重庆、全景万盛"的地方旅游品牌。到 2019 年，煤炭采掘业产值占工业总产值比重由历史最高 72% 下降到 5%。2020 年 12 月，万盛经开区被文化和旅游部列为第二批"国家全域旅游示范区"。

表 1　2014—2018 年万盛经开区旅游接待数据

年份	接待量/人次	同比增幅/%	旅游收入/万元	同比/%
2014	8516600	19.40	425800.00	19.40
2015	9526363	11.80	476285.00	11.80
2016	12734000	33.67	642447.85	34.89
2017	18056405	41.80	911931.60	41.90
2018	22071393	22.24	1458543.00	59.94

资料来源：《万盛经开区全域旅游发展总体规划（2018—2035）》。

（二）研究方法和理论视角

本研究采用案例研究法，旨在揭示在万盛经开区农村人居环境整治过程中，全域旅游的政策倡议与旅游产业的嵌入发展如何促进乡村环境治理的长效与可持续性。调研团队通过参与式观察、问卷调查与半结构化访谈，结合从当地政府部门与旅游企业获取的相关政策文件、访谈记录与网络二手资料，梳理出全域旅游政策在万盛经开区实施的政策过程与旅游企业的嵌入机理，并基于万盛经开区乡村环境治理实践，认为旅游企业的嵌入能够促进其乡村环境的长效可持续性治理，实现万盛经开区的乡村振兴。

本研究将围绕万盛经开区全域旅游政策展开论述。改革开放以来，伴随着国家与社会关系的变迁，市场经济的繁荣、政府机构的变革与第三部门的兴起都极大地激发了中国制度存量中的潜在能量。地方政府主导的区域性、局部性政策创新不断涌现，成为推进我国政策变迁和国家治理转型的重要力量。与此同时，政策创新的高成本与高风险特性以及地方政府政策供给能力的差异促使我国地方政府越来越青睐"跟进式"政策转移，以此降低政策制定成本和治理风险[6]。在当今中国，政策转移俨然已经成为我国地方政府的一种重要的政策供给方式，其形式既包括自上而下的转移（辐射），也包括自下而上的转移（吸纳），还包括非隶属关系政府之间的横向转移（传播）。

政策转移（policy transfer）概念发轫于政策扩散（policy diffusion）。政策扩散原意为某个地区的政策影响其他地区政策选择的过程[7]，其延续着政策科学的理性传统，以管理现代化和效率提升为价值导向。Strang 和 Meyer 指出，政策扩散研究的传统是"建立在各种现代性假设基础之上的"，随着世界经济社会的发展，公共政策的实践中出现了传统政策扩散范式未能解释的现象。[8] Dolowitz 和 Marsh 认为，传统的政策扩散忽视了政策创新扩散过程的多样性，在批判声中诞生了教训吸取（lesson-drawing）和政策学习（policy learning）的概念[9]，政策扩散于是被视为有限理性约束下的政策学习过程[10]。然而，教训汲取和政策学习内含的自愿和理性的假设再次受到反思与批判。Dolowitz 和 Marsh 出于整合众多概念的尝试，提出了政策转移的概念，政策转移被界定为某地区的政策知识被其他地区应用于实践的过程，从而将强制性、混合型政策转移纳入研究视野。[9] 政策转移、政策扩散、政策学习这些概念的诞生把政策传播现象纳入了研究版图，然而，这些研究在不同程度上坚持着"好中选优"的选择逻辑，"模仿、复制和采纳都是决策者理性选择的结果"[11]，随着全球化时代政策转移现象的增多，其他学科（如社会学、人类学、地理学等）的学者也开始关注政策转移现象，逐渐发展出一种不同于政策科学传统的新研究途径。新研究途径建立在政策科学研究传统的反思与批判基础之上，Benson 和 Jordan 认为，传统的政策转移研究过于强调对参与者和机构的分类，而对代理者、政策转移的过程、塑造各种政策主体的环境关注不够[12]，地理学者受社会学中流动研究影响，倡导用政策流动代替政策转移，以此强调政策的传播是一个复杂、动力驱动的过程[13]。

浙江绍兴市、江苏昆山市和四川成都大邑县是最先提出"全域旅游"概念的市县。2008 年，四川大学杨振之教授主持编制《四川汶川地震灾后旅游业恢复重建规划》时，率先使用"全域旅游"思想统筹规划；2009 年，由成都市规划管理部门主导，成都来也旅游发展股份有限公司（简称来也股份）参与编制的《成都市大邑县全域度假规划》进一步提出"全域度假"理念并得到实施。本文将采用政策转移的新研究途径，展现全域旅游政策在政策转移中经历的"脱嵌—传播—嵌入"过程，讨论全域旅游政策的"流动—变异"现象，探索万盛经开区作为全域旅游政策的移入地，对全域旅游政策进行的新解释与再建构。嵌入性理论应用于我国乡村治理领域的研究目前还相对较少，从旅游企业资本外生层面，蒋永甫和应优优（2015）认为，外部资本由于"脱嵌"于乡村场域而易产生乡村旅游现代化发展的反向作用力，而要真正实现资本的内生发展，需要从社会认知、基层组织，以及关系网络等方面实现资本的嵌入性发展。[14] 本研究在讨论旅游产业在乡村场域的资本嵌入的同时，也关注全域旅游的政策嵌入与区域间旅游发展联盟的组织嵌入，并基于可持续发展理论中"共同—协调—公平—高效—多维"的标准，评估了万盛经开区全域旅游政策的再建构对其辖区内乡村环境治理的影响。

三、组织嵌入：村民自组织与区域型旅游联盟

（一）微观组织嵌入：村民自组织的崛起——以青年镇堡堂村为例

乡村振兴，生态宜居是关键。乡村环境治理作为乡村振兴战略的重要组成部分，更关系到村落治权范围内每个村民的切身利益。如何在精准扶贫和产业发展的快速路上同时治理好乡村环境、保护好绿水青山，既是对镇级政府、村"两委"治理能力的考验，又需要市场主体和当地村民主动参与到相关治理规约的决策和执行

过程中来。青年镇堡堂村作为典型的"特色保护"类乡村，着眼于打破合作缺失等单一主体治理低效的困境，探索了一条"四位一体"的乡村环境协同治理路径（青年镇堡堂村环境协同治理实践见表2），其政社互动机制是以院坝会为议事机构，以村规民约为行事规范，以"组织动员机制""利益协调机制"和"政府监督机制"为治理系统，政府、企业、村民、社会组织等多元主体互动参与的合作架构（青年镇堡堂村环境治理多元主体互动机制见图2）。

表2　青年镇堡堂村环境协同治理实践

主体迁移	具体实践	实践措施
政府→政府	基建工程促改善	实施村庄亮化、绿化工程，完善村庄基础设施建设，推进厕所革命，通过修缮村道、建立新的基础设施改善乡村环境
政府→院坝会	院坝会会议定决策	通过院坝会将村民组织起来，集体决议通过《环境卫生村规民约》，同时约定每户每月缴纳5元钱作为村庄环境绿化及公共设施维护费用，每季度评选出15户"美丽家庭"，并给予奖励
政府→企业	外包企业提效率	将垃圾转运业务外包，在乡村环境治理中引入市场主体，通过市场的有效竞争提高资源配置效率
政府→村民	村民保洁扩参与	建立实施保洁员制度，负责乡村道路日常清扫和基础设施的简单维护，村民可通过保护环境获取经济效益，激发村民保护环境的动机

资料来源：《重庆市万盛经开区区农村人居环境工作领导小组办公室关于2018年农村人居环境整治情况的报告》、青年镇2018年《政府工作报告》，具体实践由笔者总结得出。

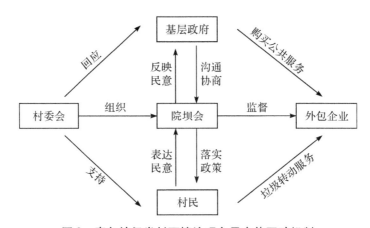

图2　青年镇堡堂村环境治理多元主体互动机制

村规民约的创制与运行、村庄院坝会的高效利用盘活了村庄内部的组织资源，是村民自组织建立与互动的基础，也是青年镇堡堂村环境协同治理取得成效的重要因素。在我国现有乡村治理体系中，这些遍布于村域之中的村民自组织与村社共同体就像乡村治理系统的毛细血管，维持着村域内与不同区域间组织、资金、人力等资源的传输与交换，是我国乡土社会中社会资本发展的重要增长极。

依托于2016年万盛经开区"全区人居环境综合整治行动"的实施，其辖区内乡村生态环境已经基本得到改善，村民自组织建设取得重大成就，各主体协同机制能够有序运转。但其现阶段的协同型乡村环境治理模式仍然存在过度依赖项目制财政拨款、内生动力不足等问题。因此万盛经开区自被列为全国资源枯竭型城区后，坚持因地制宜走特色旅游发展之路，为乡村环境治理、乡村经济社会发展和乡村振兴战略注入新动能，无疑是一种明智的决策。

（二）宏观组织嵌入：区域型旅游发展联盟

2017年5月，万盛经开区管委会探索景区景点所有制改革，搭建"国企＋民企"混合所有制市场主体，组建黑山谷旅游投资有限公司等7个区属国有平台公司，引进东方园林集团、奥陶纪旅业有限公司等民营市场主体11家，建设梦幻奥陶纪等旅游项目14个。成立"万盛旅游联盟"，搭建政企沟通桥梁，提供业内信息咨询。5月10日，中国爱情主题景区联盟筹备大会在万盛黑山谷成功举行。2018年8月16日，由桐梓、綦江、南川、万盛四县区共同发起成立的"渝南黔北"区域旅游发展联盟正式成立。"渝南黔北"区域旅游发展联盟将启动联盟合作机制，成立联盟合作协调小组，实行旅游合作联席会议制度，共同研究旅游合作发展有关事宜；加强区域旅游规划编制，明确功能划分、产品定位，优化产业布局，加快旅游项目建设，完善旅游配套服务设施，促进"吃、住、行、游、购、娱"产业链协调发展。

由区域型旅游发展联盟的嵌入机理（见图3）可知，无论是"万盛旅游联盟"、中国爱情主题景区联盟，还是"渝南黔北"区域旅游发展联盟，这些内嵌于万盛经开区经济社会发展之中的巨型组织都有着"政府＋国企＋私企＋社会"的组织成分，这意味着这些组织既能够从行政体制内部汲取资源，又能够在把握市场动态、维系自身市场竞争力的同时发挥体制外创新活力，有效促进旅游产业整体链条中资金、技术、人才的互动。由此可见，区域型旅游发展联盟的出现是政府、企业、社会组织三部门互动与协作的成果。与传统行政机关相比，其缺乏法律赋予的政治权威；与社会组织相比，其又具有相关政府部门的背书。这些特点使其成为现有"国家—社会"的中心边缘轴线中的一个中间型杂糅产物，当其作为一个整体嵌入万盛经开区经济社会发展之中时，能够缓解经济社会变革的张力，削弱社会由于其保护自身原有形态不变的需要而产生的反向抵抗运动。基于这种路径，万盛经开区的微观组织与宏观组织实现了其在经济社会发展中的嵌入。

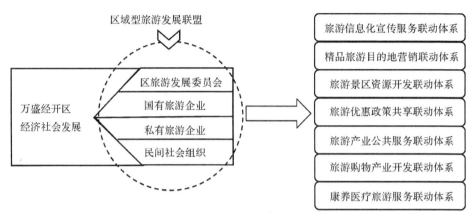

图3　区域型旅游发展联盟的嵌入机理

四、政策嵌入：全域旅游政策转移中的"行动者—情境—产出"模型

（一）认知、利益、互动：全域旅游政策再建构的行动者逻辑

政策转移作为一项政策活动，自始至终都需要通过行动者来完成。在政策转移中引入嵌入性视角，就可以将其视为一个从政策发源地脱嵌、传播、直至嵌入政策移入地的过程。在脱嵌、传播、再次嵌入三个核心环节里，行动者构成状况与行动逻辑并不完全相同。

脱嵌指的是政策创新经抽象形成可供转移的"政策样本"的过程。2008 年四川汶川地震之时，大邑县因地处龙门山区遭受了较大破坏。在灾后恢复重建之中，大邑县确立了旅游发展战略，并委托来也股份编制了"一揽子"规划，杨振之教授主持编制《四川汶川地震灾后旅游业恢复重建规划》时，率先使用"全域旅游"思想统筹规划，对大邑县进行了资源梳理、文化梳理、土地梳理、空间梳理、城镇梳理、乡村梳理……根据资源要素按照全域度假发展的需要进行战略规划、要素重新配置、核心吸引物和产品构建，助推大邑县完成了全域旅游度假 1.0 的发展。

在我国地方政府迈入为创新而竞争的时代[15]，大邑县政府将全域旅游政策作为一项政策创新，积极通过体制内渠道在成都市、四川省以至全国范围内进行宣传。在大邑县政府积极通过体制内途径宣传全域旅游政策的同时，来也股份也基于自身开拓市场与打造品牌的需要，将全域旅游的"大邑模式"作为企业旅游规划设计的成功案例通过媒体渠道与政府互动进行宣传。自实务界 2008 年在大邑县提出全域旅游政策构想后，学术界也涌现出许多对全域旅游概念探讨与模式的构思[16]。2016 年，我国开启首批全域旅游示范区创建工作，海南省被确定为首个全域旅游创建省。这标志着全域旅游政策正式脱嵌于大邑县而成为一个可供全国参考的"政策样本"。

全域旅游政策在移入地区的采纳运用也是这一政策嵌入移入地区情境的过程。从 2008 年大邑县全域旅游概念的提出，到 2013 年万盛经开区全域旅游概念的提出，全域旅游政策经过了一个浅层的横向转移过程，2016 年全域旅游成为国家的政策倡议后，万盛经开区的全域旅游政策经历了一次再强化过程，2017 年经开区旅游局更名为万盛经开区旅游发展委员会（简称旅发委），实现了其在万盛经开区经济社会发展地位的"升格"。全域旅游政策作为一项国家层面的政策样本，具有目标明确、路径模糊的特征，因此万盛经开区旅发委在落实上级指示的同时，有极大的自由裁量空间对全域旅游政策进行新解释与再建构。在主体互动层面，由于改制后的万盛经开区旅发委综合协调职能有所增强，这意味着其能够从上级和不同的部委获取项目制财政拨款，其自身又是旅游发展绩效的最大获益者，在全域旅游政策推行实践中，旅发委注重与旅游企业的双向互动，构建双向互惠机制，也将工作抓手放在多层次跨区域旅游联盟的构建，以扩大区域旅游市场。

由万盛经开区全域旅游政策转移的行动者逻辑（见表3）可知，大邑县与万盛经开区在全域旅游政策建构中的显著差异在于行动者网络中心。原因在于大邑县全域旅游总体规划编制由大邑县旅游和商务局外包给来也股份，在 PPP（政府和社会资本合作）合作模式的基础上对服务质量进行监督，这种外包制契约型治理模式必然导致委托者与代理者的信息不对称，使得即使是在我国党政中心的非均衡治理模式下，大邑县政府全域旅游政策中也不具有对全部资源的垄断性优势，必须通过与来也股份的良性互动，共同编制全域旅游总体规划。在政策移入地，万盛经开区旅发委负责编制万盛经开区全域旅游总体规划，其行动者中心位置较为稳固，通过与本地智库、旅游企业的多元互动，能够在一定程度上弥补其政策制定的短板，但还需要增强与社会公众的互动以加强其决策科学性与民主性。

表3 万盛经开区全域旅游政策转移的行动者逻辑

环节	行动者网络中心	核心行动者认知	利益格局	行动者间互动
脱嵌	大邑县旅游和商务局—来也股份双中心	全域旅游能够指导灾后重建，提升政绩；全域旅游能够打造品牌，开拓市场	利益集中利益互补	大邑县旅游和商务局与来也股份互动强 大邑县旅游和商务局与上级政府互动强 来也股份与媒体互动强
传播	中央政府	全域旅游契合乡村振兴战略	利益集中	与政策发源地创新主体互动较强（吸纳） 与政策移入地行动主体互动较弱（辐射）
嵌入	万盛经开区旅发委	全域旅游是万盛区域发展核心战略，各镇都要积极落实	成本分散利益集中	与上级政府互动强 与乡镇级政策执行主体互动强 与地方旅游企业互动较强 与社会公众互动较弱

（二）政策转移与情境嵌入：政策转移中政策再建构的情境性要素

政策转移受到场域压力、治理需求、治理资源、路径依赖四种情境性要素的影响。

在场域压力上，万盛经开区全域旅游政策面临的场域压力，既包括上级政府督查、调研、审计方面的压力，也包括同级政府互相竞争、争夺资源方面的压力。这意味着万盛经开区全域旅游政策不仅要接受时间的考验，还要接受来自其他全域旅游政策实施地的挑战。

在治理需求上，全域旅游政策转移过程中，万盛经开区具有强烈的内在治理需求。在被评为资源枯竭型城市后，寻求城市产业转型，引导产业结构调整升级，以及经济可持续发展成为万盛经开区的首要目标。

在治理资源上，由于在成渝地区双城经济圈建设中，万盛经开区被视为重要的战略支点，因此上级政府为万盛经开区全域旅游政策的实施投入了大量资源。在资源的使用上，旅发委作为万盛经开区管委会的内设机构，并被赋予充分的决策、执行与协调功能，决定了其能够充分动用体制内治理资源，依托项目制财政经费推进经开区全域旅游政策的实施。同时，旅发委依托区域型旅游发展联盟，能够整合多家旅游企业与其他区域的旅游资源，实现区域旅游产业共同、融合发展。

在路径依赖上，万盛经开区全域旅游政策相比政策发源地大邑县，具有显著的本土化与路径依赖特征。原因在于，第一，政策转移经过了从模糊到相对具体的渐进过程，在2016年国家旅游局（现已更名为文化和旅游部）提出全域旅游政策倡议，即全域旅游政策完全脱嵌于政策发源地，进行自上而下具有行政指令色彩的政策转移之前，全域旅游政策已经经历了一个浅层的横向转移过程。相比抽象出的政策样本，政策在横向流动中所包含的结构化实现路径更模糊，移入地在解释和建构全域旅游政策时具有更大的自由裁量空间。第二，其受到地区智库与社会组织发展程度的影响。相较于大邑县，万盛经开区智库与社会组织资源较缺乏，因而管委会在向旅游发展委员会赋权时，充分考虑到旅发委的规划、协调与执行多项职能。智库、社会组织作为环境治理与旅游产业嵌入的参与方，对全域旅游政策实施的科学化和民主化意义重大，然而具有旅游开发与管理专业知识的智库在万盛经开区十分缺乏，积极参与旅游规划的社会组织也十分少见，这客观上强化了万盛经开区全域旅游政策的封闭性。

（三）"行动者—情境"互动：政策转移中政策再建构的产出逻辑

政策移入地情境的变化，会通过政策行动者的行为变化，进而导致政策的差异化产出。万盛经开区作为政策移入地，其全域旅游政策在经过横向政策流动与纵向政策辐射的逐级强化过程中，会重塑基层官员的行动逻辑。

由全域旅游政策产出逻辑链（见图4）可知，与大邑县"县旅游和商务局—来也股份"的双中心行动者逻辑不同，万盛经开区在全域旅游政策嵌入过程中，具有明显的官方行动者主导的路径依赖行动者逻辑。全域旅游政策作为万盛经开区产业转型、引导全域经济社会复苏和乡村振兴的政策抓手，通过体制内途径要求各镇级政府层层落实，强化基层官员"任务清单"的全域旅游政策考核强度，制定全域旅游总体战略规划，在景点规划上给基层官员的自由裁量空间较小。从政策效果上来看，虽然与政策发源地"大邑模式"存在不同程度的政策偏移，万盛经开区旅发委依托体制内资源与区域型旅游发展联盟建构形成的"万盛模式"依然具有较高的政策绩效：万盛经开区农村人居环境整体得到改善，民宿产业萌芽凸显，旅游产业收入与占地方GDP比重逐年上升。由此可见，政策转移中的"目标明确，路径模糊"特点，决定了政策移入地在解释和建构政策时具有较大的自由度，可以依据属地特色与资源禀赋决定政策嵌入路径与方法。

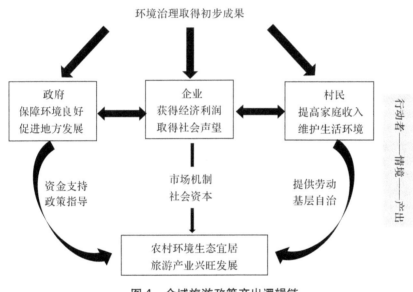

图4 全域旅游政策产出逻辑链

五、共同的未来：乡村旅游与生态环境的持续改善

（一）走向共生：农村环境可持续治理机制的挑战与创新

虽然近年来我国农村环境治理取得了可观的效果，但若认真审视这一治理过程，我们不难发现：各地区的农村环境治理效果很大程度上依赖于政府的行为选择，当政府行为向农村环境治理方向倾斜时，往往当地就能取得良好成果；反之，

农村的环境治理工作便无从下手。具体而言，我国当前农村环境可持续治理会面临着以下几个挑战。

第一是地方政府行为选择的偏移。地方政府的注意力与官员绩效考核指标密切相关，多任务委托—代理绩效考核体系下，地方政府可能过度重视经济绩效而忽视环境保护；反之，当地方政府工作重心落在农村环境治理工作中时，政策保障和财政支持便会有力支持农村环境治理的实施。

第二是环境治理内在激励约束的不足。现有制度往往选择将"村规民约""村民守则"等非正式制度作为农民、村集体等基层主体的约束手段，"美丽家庭""绿色农户"等荣誉称号常作为对在农村环境治理中做出较大贡献的农户的激励要素。但随着治理的深入，农民对环境治理的长期期望从简单的生活环境改善向多方面综合利益获取的趋势演变，而现有的治理成果又难以使得农民实现期望的满足。

第三是治理主体的失衡，多元主义框架下的农村环境治理所期望形成的是各相关治理主体在环境治理体系与制度规则的协调下相互作用、互惠共生，共同促进农村环境治理取得长足发展。[17]然而不论是在传统的政府主导型、政府市场合作型，还是在多主体协商型环境治理实践中，不可否认的是，政府在现有非均衡治理体系中都占有主导地位。

第四是主体间的协作机制滞胀。农村环境的可持续治理需要各参与主体具有较强的自发自主性，因此治理内部的主体间协作机制就显得十分重要。在过去的研究与实践中，主体间协作机制的外部支持与内生力量缺乏有效的互动，一旦外部支持撤离，协作机制就容易陷入发展停滞与结构膨胀并存的困境。[18]

基于乡村环境治理面临的多元挑战，本文将从共生理论视角探索建构农村环境可持续发展的创新路径。共生概念最早由德国真菌学家德贝里（Anton de Bary）在1879年提出，共生最早是用来形容在生物学领域中不同种属的生物生活在一起，彼此之间具有物质联系与能量转换，并构成一个相对完整的生物系统的现象。[19]从共生理论的视角来看，农村环境治理未来必然面临结构转型与路径创新的压力，现代化的基层农村治理中主体协作、多元共治已经是必然趋势。

由农村环境可持续治理的共生发展机制（见图5）可知，营造共生环境即健全评估与监管体系，构建共生单元即优化多元共治格局，优化共生界面即完善主体协作机制，打造共生模式即促进农村产业与环境治理融合发展。下节将基于可持续发展理论视角，阐释万盛经开区旅游产业与乡村环境治理融合发展的共生模式促进乡村环境可持续治理的内在机理。

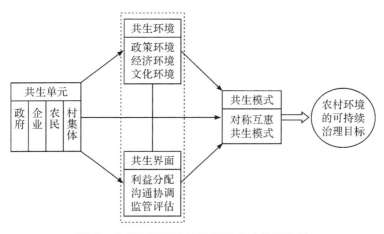

图5 农村环境可持续治理的共生发展机制

（二）旅游与生态共生：万盛经开区的环境治理逻辑

对称互惠共生是目前最为理想的共生关系，也是农村环境治理的理想共生模式，要实现对称互惠模式，需要统一共生单元的利益目标和行为倾向，催生农村环境治理的内生动力。环境经济学的观点强调环境问题与经济发展之间的联系，要从根本上解决环境问题，必须从经济发展的角度入手。[20]高层次的共生系统需要共生单元具备行动一致性，政府、企业、农民、村集体间以分工协作为联系纽带，在治理环境的同时因地制宜发展农村产业，对于改善共生模式具有良好影响。

万盛经开区旅游与生态共生发展逻辑见图6。良好的生态环境是发展乡村旅游的必要条件，而环境的可持续治理依赖于政府、市场和村民自组织的有效互动。由于生态环境作为公共物品具有极强的外部性，单纯依靠政府规制或市场交易，往往难以实现这类公共物品的有效治理。只有环境治理发展了本地村民的集体利益或者非集体利益，并且村民们能够意识到这种利益大于他们行动的成本时，村民们保护环境的行为才能变成一种可持续的自发行为。旅游产业正是能够产生一种吸力，推动村民们自愿为集体利益而行动。如图6所示，万盛经开区旅游与生态共生系统的打造起步于万盛经开区人居环境综合整治行动，万盛经开区管委会充分认识到实现良好的乡村生态转型是发展旅游产业和产业转型升级的必要条件。乡村环境的一元治理困境使其将注意力转向社会，通过村规民约激发环境治理中的村民参与，村民通过自组织内部的相互监督，有效规避了集体行动中搭便车的现象，使得万盛经开区生态环境得到改善。在乡村环境得到改善的同时，全域旅游政策为产业发展提供蓝图，各行动主体通过股份合作、劳务参与、治理外包等方式，推动乡村旅游产业与农村人居环境治理工作的深度融合，促进本地区旅游产业的发展。通过政府与非政府组织的共同合作、再分配与市场整合的形式[21]，以治理主体现代化为基础、治理环境现代化为条件、治理技术现代化为支撑[22]，加快地方政府行为治理现代化进程。

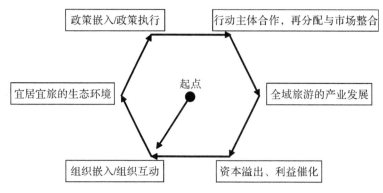

图6　万盛经开区旅游与生态共生发展逻辑

六、结论与启示

本研究还原了现存乡村治理体系下万盛经开区由煤炭产业向旅游产业转型升级与环境治理的政策过程。从嵌入性视角出发，探讨了经开区的组织嵌入、政策嵌入与资本嵌入过程。本研究的主要结论如下：一是在对组织嵌入的论述中，明确了村民自组织与村社共同体的建立作为乡村环境治理的启动环节，是乡村生态环境得以改善和旅游产业嵌入的必要条件，而区域型旅游发展联盟的创设与运行，有利于统合多层次、跨区域旅游资源，开拓市场。二是在对政策嵌入的论述中，采用政策转移的"行动者—情境—产出"分析模型，展现出万盛经开区作为全域旅游政策移入地，对全域旅游政策的再建构过程。三是基于共生视角与可持续发展理论，论证了万盛经开区对全域旅游政策的再建构有利于实现生态环境与旅游产业的融合共生，有利于万盛乡村环境治理的可持续发展。

乡村振兴战略作为新时代国家重大战略，是解决中国社会主要矛盾的重要抓手，是社会主义新农村建设的重要升级，是城乡发展的重大战略性转变，契合了新时代城乡资源要素双向流动的新趋势，弥补了全面建成小康社会的乡村短板。[23]而乡村旅游提供了发展乡村、重构乡土的独特视角，是乡村振兴的重要抓手。万盛经开区依托全域旅游战略走出的生态转型之路，对我国仍以资源开采为产业支柱的县域进行产业转型升级具有重要的参考价值。

参考文献

［1］　何景明. 国外乡村旅游研究述评［J］. 旅游学刊,2003（1）:76-80.

［2］　郭焕成,韩非. 中国乡村旅游发展综述［J］. 地理科学进展,2010（12）:1597-1605.

［3］　Bramwell B, Lane B. Sustainable tourism: An evolving global approach［J］. Journal of Sustainable Tourism, 1993, 1（1）:1-5.

［4］　刘彦随,刘玉. 中国农村空心化问题研究的进展与展望［J］. 地理研究,2010（1）:35-42.

［5］　陆林,任以胜,朱道才,等．乡村旅游引导乡村振兴的研究框架与展望[J]．地理研究,2019(1):102-118.

［6］　熊烨．我国地方政策转移中的政策"再建构"研究——基于江苏省一个地级市河长制转移的扎根理论分析[J]．公共管理学报,2019(3):131-144,174-175.

［7］　Strang D. Adding social structure to diffusion models an event history framework［J］. Sociological Methods & Research, 1991, 19(3): 324-353.

［8］　Strang D, Meyer J W. Institutional conditions for diffusion［J］. Theory & Society, 1993, 22(4): 487-511.

［9］　Dolowitz D, Marsh D. Who learns what from whom: A review of the policy transfer literature ［J］. Political Studies, 1996, 44(2): 343-357.

［10］　Sabatier P A. Political science and public policy［J］. Political Science & Politics, 1991, 24(2): 144-147.

［11］　Radaelli C M. Policy transfer in the European Union: Institutional isomorphism as a source of legitimacy［J］. Governance, 2002, 13(1): 25-43.

［12］　Benson D, Jordan A. What have we learned from policy transfer research? Dolowitz and Marsh revisited［J］. Political Studies Review, 2011, 9(3): 366-378.

［13］　Cook I R, Ward K. Trans-urban networks of learning, mega events and policy tourism: The case of Manchester's Commonwealth and Olympic Games projects［J］. Urban Studies, 2011, 48(12): 2519-2535.

［14］　蒋永甫,应优优．外部资本的嵌入性发展:资本下乡的个案分析[J]．贵州社会科学,2015(2):143-149.

［15］　何艳玲,李妮．为创新而竞争:一种新的地方政府竞争机制[J]．武汉大学学报(哲学社会科学版),2017(1):87-96.

［16］　厉新建,张凌云,崔莉．全域旅游:建设世界一流旅游目的地的理念创新——以北京为例[J]．人文地理,2013(3):130-134.

［17］　李宁,王芳．共生理论视角下农村环境治理:挑战与创新[J]．现代经济探讨,2019(3): 86-92.

［18］　沈费伟．农村环境参与式治理的实现路径考察——基于浙北荻港村的个案研究[J]．农业经济问题,2019(8):30-39.

［19］　刘志辉,沈亚平．共生理论及其在公共管理学科的适用性研究[J]．理论月刊,2016(11): 154-159.

［20］　吴蓉,施国庆．农村环境合作治理生成的过程与机理研究——基于S村的案例[J]．农村经济, 2019(3): 113-121.

［21］　Sharpley R. Rural tourism and the challenge of tourism diversification: The case of Cyprus ［J］. Tourism Management, 2002, 23(3): 233-244.

［22］　龙花楼．论土地整治与乡村空间重构[J]．地理学报,2013(8):1019-1028.

［23］　刘彦随．中国新时代城乡融合与乡村振兴[J]．地理学报,2018(4):637-650.

曹　飞
董珂欣

农村劳动力县域户籍城镇化意愿研究

——以中部六县调研数据为例

一、研究背景与研究意义

（一）研究背景

党的十八大以来，国家将城镇化看作经济结构调整的重要依靠和实现现代化的战略选择[1]，在《2022 年新型城镇化和城乡融合发展重点任务》中提到将推进农业转移人口市民化放在新型城镇化的任务之首。截至 2020 年末，全国常住人口城镇化率为 63.89%，但户籍人口城镇化率只有 45.4%，半城镇化水平达到了 18.58%，这意味着我国户籍改革进程有所滞后，大量的农业转移人口无法实现身份的转换，无法享受城市居民的社会福利和公共服务[2]，以人为核心的城镇化道路任重而道远。

近几年，户籍制度和社会福利不均等导致城镇化速度逐渐放慢，影响农村劳动力的市民化。[3]户籍制度作为内在制度因素，严重阻碍了人口城镇化的发展[4]，使得人口城镇化和土地城镇化不能高度匹配。户籍制度的限制会导致城市公共服务受益不均等[5]，造成农村流动人口在劳动力市场被差别性对待[6]、职业选择扭曲[7]，出现"半城市化"现象[6]和人口与土地的空间错配问题[8]，从而影响农村流动人口市民化的意愿。改革开放以来，我国经历了三次户籍制度的改革，但农业劳动力落户意愿仍然不高[9]，因此要继续扎实推进户籍制度的改革，助推城镇化进程。

相较于省级和地级市的尺度单位，县域单位作为我国城乡连接的重要节点，会更加凸显人口在空间上的变化格局。[10]在进行新型城镇化的制度设计时，要以县域为主线，搭建合理的城乡体系，从而形成城乡一体的发展格局。[11]2022 年中共中央

作者简介：曹飞，河南财经政法大学工程管理与房地产学院副教授；董珂欣，河南财经政法大学工程管理与房地产学院硕士研究生。

办公厅、国务院办公厅印发了《关于推进以县城为重要载体的城镇化建设的意见》，指出县城不仅是我国城镇体系的重要组成部分，还是城乡融合发展的关键支撑，对促进新型城镇化建设具有重要意义。鉴于此，以县域为单位研究户籍制度对农村人口城镇化意愿的影响具有一定的现实意义。

我国特殊的户籍制度和土地制度严重阻碍了城镇化进程，不利于推进城乡融合。本文通过对不同户籍居民进行调查研究，了解当地农村劳动力对户籍转换的意愿和影响户籍转换的主要原因，在此基础上探究户籍制度、土地制度对农村流动人口落户的影响，为政府推进县域城镇化提供新思路新方法。

（二）研究意义

本文具有理论与实践两个层面的研究意义。理论层面，本文在分析户籍制度和土地制度对城镇化的影响时，发现不同制度之间存在一定的关联，不同制度之间可以相互影响，土地制度改革、户籍制度改革与推进城镇化之间有交互影响的关系，从而为户籍制度和土地制度改革以及推动县域城镇化提供了新思路。实践层面，本文通过对县域城镇的城镇户籍居民和农村户籍居民的调查，从居民个人视角出发，提出对户籍转换的诉求和对农村土地处理的意愿，为县域政府加快推进城镇化、提高城镇化质量提供新方法，加快农村劳动力的落户，提升落户质量。

二、概念界定与文献综述

（一）县域城镇化

城镇化水平是国家实现现代化的前提[12]，然而，当前城镇化速度开始放缓[3]，如何加速推进城镇化、提高城镇化质量已成为学术界的热点问题。县域是发展乡村振兴、推进城镇化、加快城乡融合的重要阵地。[13]县域城镇化理论可以消除两个经济理论之间的理论断层，促进农村经济的发展[14]，通过新型城镇化与乡村振兴的协同发展，可以高质量推动农村经济建设[12]。不仅如此，县域城镇化还可以为农村转移人口提供更好的归属感和幸福感。[15]

不少学者从不同角度去研究如何推动县域城镇化发展，赵德昭等[15]发现城市公共基础设施建设水平、城市经济发展规模、人口数量等对提高河南省县域城镇化有重要影响；城镇化的推进离不开产业的发展[16]。汪增洋等[17]指出，工业和服务业是推动城镇化的重要力量。目前我国城镇化的推进仍存在质量不高、县域吸引力不强、大城市集聚效应高等问题[18]。我国现行农地制度阻碍了农村土地市场化的发展，不能为农民带来较大的经济收益，再加上农村户籍与农村土地捆绑[19]，严重阻碍了县域城镇化的推进。近年来户籍制度的改革打破了城乡壁垒，大量的农村户籍人口流入城市，但是户籍人口城镇化率与常住人口城镇化率还有一定的差距[20]，公共服务和社会福利的不均等化，阻碍了县域城镇化质量的提高[21]。此外，户籍制度和土地制度的联合改革可以有效加快县域城镇化的脚步[22]。

（二）户籍制度

在劳动力市场和社会公共服务方面，户籍制度引起了十分明显的差别化对待[6]，造成了劳动力市场的扭曲[23]和分割[24]，阻碍了农村劳动力的自由流动，制约了城镇化的发展。由于户籍制度的限制，不少农村劳动力的子女在教育方面处于劣势[25]，导致其家庭无法享受对等的公共服务，其子女无法享受当地的教育资源，从而削弱了其居住意愿[26]，阻碍了城镇化的发展。不仅如此，户籍制度会造成特殊的人口结构，导致社会资本结构分化，进而拉大了城乡间的收入差距[27]。为推进经济和社会的发展，改进劳动力的资源配置，优化城镇化发展政策[28]，降低代际职业选择的扭曲，提高生产效率[7]，户籍制度的改革是很有必要的。不少研究者提出将户籍的福利转移到居住证上，推动居住证制度的完善，消除两者之间的差别，有利于实现农业转移人口的市民化。[20, 29]由此可以看出，影响城镇化的重点在于农村户籍流动人口是否能享受到与城市居民同等的公共服务[30]，因此，户籍制度的改革需要与农村土地制度改革、实现公共服务均等化共同进行[13]。

（三）农村劳动力流动

中国城镇化的进程就是农村人口向城市迁移的过程，关键在于农村流动人口的户籍转换。[31]在农村流动人口中，农民工作为城乡间要素流动的主要组成部分[25]，在城市之间迁移及落户，彰显了在城镇化中流动人口市民化的潜力[32]。当农民工对自己的工作和生活满意度较低时，会降低自身市民化的意愿[33]。钱泽森等[34]指出，城市生活成本与农民个人收入之间的差距是农民工融入城市的主要难题。在就业方面，农村劳动力与本城市的居民存在一定的差距，尤其是在国有部门就业方面存在不公平待遇[24]。陈诚等[35]认为，提供优质的公共服务可以提高农村劳动力的定居和落户意愿，定居意愿越高，越有利于提高城镇化的质量从而实现人的城镇化[36]。此外，市民化对于农村劳动力来说并不是风险最低的选择，相反在不同城市之间流动可以有效提高农村劳动力的收入。[20]靳相木等[37]和杜宇能等[38]从"三权"问题出发，指出保留农民的"三权"可以减少农村劳动力市民化的顾虑，切实保护农民的利益，加快城镇化的推进。

（四）文献评述

综上，现有文献主要研究城市公共基础、经济发展动力机制、城镇人口数量等因素对推进县域城镇化的影响。在户籍制度方面，现有文献从劳动力市场、社会公共服务、教育资源以及社会资本结构等视角研究了户籍制度阻碍城镇化的途径。在关于农村劳动力落户意愿方面，现有文献从城市公共服务、城市基础设施建设、就业歧视、城乡收入差距、"三权"问题等视角分析影响农村劳动力市民化的意愿。但很少有研究以县域为单位研究农村劳动力县域户籍城镇化意愿。因此，本文以县域为单位研究影响农村劳动力县域户籍城镇化的因素，为推进县域城镇化、加快城乡融合提供更精准的政策建议。

三、研究方法与数据来源

（一）研究方法

本文通过对问卷调查的结果进行描述性统计分析，来了解当地农村劳动力对户籍转换的意愿和影响户籍转换的主要原因，并在此基础上探究户籍制度、土地制度对农村流动人口落户的影响。描述性统计就是通过关键数据特征去描述数据，能够快速掌握数据的整体情况。描述性统计更能直观地反映影响户籍城镇化的因素。因此，本文选择描述性统计对问卷调查进行分析。

（二）数据来源

本文通过对河南省几个县级市进行实地调研，并采用一对一访问获得调查数据。问卷设计理念通俗易懂，主要调查当地的户籍、土地、子女教育等情况，共回收问卷767份，样本并没有设置量表形式，因此本文的数据更适合采用描述性统计进行分析。

四、城镇化和户籍改革进程与现状

（一）城镇化进程

工业化是推动县域城镇化的重要动力[17]，我国城镇化进程、户籍变迁与我国工业化进程是分不开的，分析工业化进程有利于了解城镇化在不同阶段发展的特点，因此，结合各个阶段工业化进程和经济形势，有助于提出与经济发展相适应的政策建议，助推城镇化快速推进，提高城镇化质量。城镇化进程如图1所示，新中国成立以来，我国的城镇化进程共分为缓慢发展、恢复发展、协调发展以及高质量发展四个阶段。

第一阶段是城镇化缓慢发展阶段（1949—1977年）。该阶段我国根据当时国际环境和经济形势决定优先发展重工业，积极建设城市，限制农民进城务工，防止大量农民进入城市后造成大规模失业和良田荒废。由于限制农民人口流动的政策实施时间较久，因此形成了独特的"城乡二元结构"[31]，到1977年，我国城镇化率只

图 1　城镇化进程

有 17.55%。经过二十多年的发展，我国工业化体系初步建成，但是城乡割裂发展，导致工农发展不平衡，工业化的速度远超城镇化速度。

第二阶段是城镇化恢复发展阶段（1978—1999 年）。20 世纪 80 年代农民拥有了土地承包经营权，可以解放部分劳动力，国家也逐渐放开农民进城务工。[30]1984年 10 月，党的十二届三中全会通过《中共中央关于经济体制改革的决定》，提出和阐明了经济体制改革的一些重大理论和实践问题，工业化开始在乡镇进行，大量的乡镇企业兴起推动了城镇化进程。20 世纪 90 年代，我国的市场经济改革和 1994 年分税制改革使较多农民进城务工。这个阶段国家重视工业化、城镇化"两化"协调发展。但在这个阶段受经济发展水平的影响各城市可容纳的劳动力并不多，到 1999年，我国城镇化率仅有 34.78%。

第三阶段为城镇化协调发展阶段（2000—2011 年）。在这个阶段，我国政府在城镇化战略上有了巨大调整，在"十五"计划和"十一五"规划中均提出稳定推进城镇化进程，党的十六大和十七大也明确指出如何推进城镇化，明确了城镇化的目标。在该阶段，我国建筑业和重化工业迅速发展，城市规模迅速扩张，承载人口的能力逐渐增强，使得工业化和城镇化发展逐步趋于协调。截至 2011 年，我国城镇化率为 51.27%，达到世界平均水平。

第四阶段为城镇化高质量发展阶段（2012 年至今）。党的十八大以来，我国深入推进城镇化。然而，城镇化质量不高的问题逐渐暴露出来，如土地城镇化过快、户籍城镇化与人口城镇化差距过大、城市公共服务跟不上城镇化进程等。在此情形下，城镇化战略调整为以人为核心的城镇化，推动城镇化高质量发展。当前，我国工业化的战略是从工业大国向工业强国的转换，通过推动产城融合使得人口城镇化与工业化相匹配，进入同步发展的新阶段。

（二）户籍制度变迁

图 2 展示了我国户籍制度变迁，主要分为城乡二元户籍制度的形成阶段和城乡二元户籍制度改革两个阶段。1949—1977 年为城乡二元户籍制度的形成阶段，当时我国城市人口承载能力不够，为了防止农民流入城市导致大量的失业，确立了严格的户籍制度，严格限制了城乡之间的人口流动，这种政策使得城乡之间长期处于分割状态，形成了特殊的城乡二元户籍制度，造成了城乡间发展不平衡，严重阻碍了经济的发展。在城乡二元户籍制度改革阶段中，又分为缓慢放开和积极推进两个阶段。第一个阶段为 1978—1999 年。该阶段受改革开放和市场经济体制改革的影响，经济发展迅速，城市快速扩张，使得城市人口承载能力提高，我国逐步放开对户籍的管控，从小城镇开始逐步推进落户。第二个阶段为 2000 年至今。21 世纪以来随着我国城镇化战略的重大调整，户籍改革的力度也逐渐增大，从小城镇到大城市逐步取消落户限制，并实施居住证政策。经过 20 年的户籍改革，2020 年户籍人口城镇化率为仅为 45.4%，户籍制度改革仍有很大的进步空间。

图 2　我国户籍制度变迁

（三）县域城镇化与户籍制度的交互影响

对县域城镇化进行的研究与户籍制度改革和社会福利分不开[39]，此外，工业化与县域城镇化之间也有交互作用。城镇化、户籍变迁和工业化进程如图 3 所示，1949—1977 年，国家优先发展重工业，限制农村人口流入城市，严格限制城乡之间劳动力的流动，并确立城镇户籍和农村户籍，形成特殊的城乡二元户籍结构，严重阻碍了城镇化的脚步，甚至出现了逆城镇化现象。1978—1999 年，改革开放国民经济恢复，1984 年工业化在乡镇发展起来，随着乡镇企业的兴起，我国逐渐放开劳动力在城乡之间的流动，户籍制度也随之逐步放开，城镇化恢复发展。2000—2011 年，我国工业化步入高速发展阶段，我国明确推动城镇化进程，逐步放开小城镇的落户条件，逐步实现工业化与城镇化协调发展。2012 年至今，我国工业化进入高质量发展阶段，从工业大国转为工业强国，落户条件进一步放宽，注重以人为核心的城镇化，城镇化也进入高质量发展阶段。综上，城镇化、户籍制度、工业化之间相互影响，相互促进。因此，针对推动城镇化的政策建议要在当前经济环境和工业化背景下提出，使得人口城镇化与工业化发展相匹配，共同协调发展。

图 3　城镇化、户籍变迁和工业化进程

五、农村劳动力城镇化意愿分析

（一）描述性统计分析

1. 总体样本

本次调查围绕两个方面进行，一是具有城镇户籍的居民选择加入城镇户籍的原因，二是具有农村户籍的农村劳动力对于转换户籍的意愿以及影响因素。本次调查在6个县城按照随机原则共投放了800份问卷，后收回了767份有效问卷，有效率为95.875%，属于有效调查。

总体样本的描述性统计如表1所示。在该地区，调查对象有少量的外地人口，本地农村户籍和城镇户籍的人数比接近1:1，即近一半居住在城镇的人仍保留农村户口；调查对象整体月收入水平不高，4000元以上的居民只占37.81%，只能保证基本生活质量，难以保证子女的教育质量；随着三孩政策的开放，家庭人数增多，对于住房要求也逐渐提高，不少居民拥有商品房和小产权房，但就目前的收入情况，仍有不少居民买不起房，据调查仅有1.17%的居民能住进政府保障房，因此，城市居民的住房条件还需进一步改善。

表1 总体样本的描述性统计

变量	类别	占比/%	变量	类别	占比/%
性别	男	49.28	受教育水平	高中以下	26.21
	女	50.71		高中	18.12
城市定居年数	3年以下	16.56		专科	21.25
	3—5年	19.30		本科及以上	34.42
	6—10年	18.12	身体是否健康	差	0.65
	10年以上	46.02		较差	2.48
户籍所在地	本县农村	44.59		一般	15.90
	本县城镇	44.59		较好	37.81
	外县农村	7.04		很好	43.16
	外县城镇	3.78	是否已育	没有孩子	25.29
职业	长期正规工作	42.89		独生子女	36.11
	个体户	22.56		2个孩子及以上	38.60
	临时工	17.47	现居住地	单位宿舍	5.37
	其他	17.11		出租屋	19.17
是否婚配	是	75.62		自购商品房	37.29
	否	24.38		农村家里	8.47
月收入水平	2000元以下	16.82		自购小产权房	20.60
	2000—3000元	17.99		政府保障房	1.17
	3000—4000元	27.38		其他	7.93
	4000元以上	37.81		—	—

2. 本县农村

本县农村劳动力样本的描述性统计如表2所示。调查样本中的本县农村户籍人口共342人，农村劳动力在城镇定居三年以上的占80.41%，即大部分进城的居民对城市生活较为满意，如何将久居城市的非城镇户籍转化为城镇户籍，是需要解决的重要问题之一；该样本整体受教育水平不高，本科及以上仅占24.85%，使得从事长期正规职业和个体户的约占整体的一半，临时工和其他自由职业工作者占的比例不小，从而导致整体收入不高。由于月收入水平较低，只有近一半的居民拥有自购商品房和自购小产权房，仅0.58%的居民可享受政府保障房，仍有部分居民居住在出租屋和农村家里，农村劳动力的住房条件仍有较大的改善空间。

表2　本县农村劳动力样本的描述性统计

变量	类别	占比/%	变量	类别	占比/%
性别	男	54.09	是否婚配	是	76.90
	女	45.91		否	23.10
城市定居年数	3年以下	19.59	是否已育	没有孩子	24.56
	3—5年	24.27		独生子女	30.99
	6—10年	19.00		2个孩子及以上	44.45
	10年以上	37.14	身体是否健康	差	0.58
职业	长期正规工作	25.15		较差	1.46
	个体户	29.82		一般	18.13
	临时工	22.51		较好	38.30
	其他	22.16		很好	41.53
月收入水平	2000元以下	22.22	现居住地	单位宿舍	3.51
	2000—3000元	18.71		出租屋	22.81
	3000—4000元	24.56		自购商品房	25.73
	4000元以上	34.51		农村家里	15.20
受教育水平	高中以下	34.21		自购小产权房	24.56
	高中	21.93		政府保障房	0.58
	专科	19.01		其他	7.61
	本科及以上	24.85		—	—

根据调查结果，近一半的农村户籍所在地在远离城镇的偏远农村，有55%的户籍所在地在离城镇较近的农村，这反映出农村劳动力逐渐向城镇集中。此外，仅有31%的居民愿意加入城镇户籍，转换户籍的意愿不是很强烈。本县农村户籍居民没有加入城镇户籍的主要原因如图4所示，占比最高的原因为不想放弃农村的土地，其次是收入不高、买房太贵，习惯农村生活，以及教育费用太高等

问题，可总结为收入低，生活得不到保障，不愿放弃自己土地权益。本县农村户籍居民愿意加入城镇户籍的主要原因如图5所示，占比最大的为子女教育，占总体的59%，其次为社保全面和收入高。因此，推动城镇化可从教育、社保、公共服务方面入手。

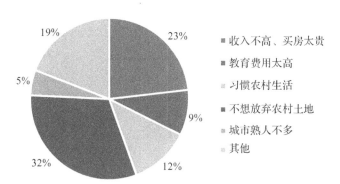

图4　本县农村户籍居民没有加入城镇户籍的主要原因

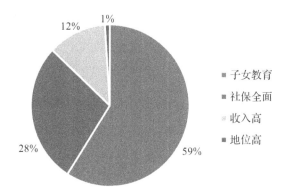

图5　本县农村户籍居民愿意加入城镇户籍的主要原因

　　在土地问题方面，调查主要集中在承包地和宅基地的处理方式。本县农村户籍居民对承包地和宅基地的处理方法如图6所示，居民外出打工对承包地的处理办法主要为承包给集体内他人使用、兼职耕种和委托父母三种方法；居民外出打工对宅基地的处理办法主要为闲置和其他家人居住，闲置占比42%。本县农村户籍居民转换户籍后对承包地和宅基地的处理方式如图7所示，若转换为城镇户籍，近一半居民选择对承包地进行保留，仅10%的居民选择将承包地集体收回并补偿，64%的居民选择对宅基地进行保留，仅少部分选择转让给其他集体内村民和集体收回并补偿。补偿收回承包地和宅基地对本县农村户籍居民转为城镇户籍的影响程度如图8所示。59%的居民的转换户籍意愿不强烈，较多居民不愿收回土地，希望将土地保留在手中。此外，有59%的居民愿意回村养老，这也是保留土地的原因之一。由此可以看出，农村劳动力对农村土地的依赖性比较大，尤其是宅基地，农村土地可以看作农村劳动力的生活保障。然而，农村土地闲置比例较高，造成土地资源的浪费。因此，在推进城镇化时，既要保证农村户籍居民的权益不受到损害，又要解决好农村户籍居民转换户籍后的养老问题。

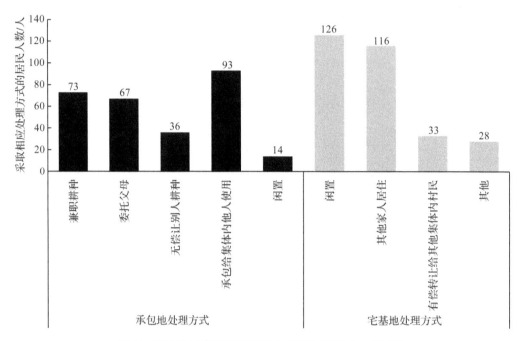

图6 本县农村户籍居民对承包地和宅基地的处理方法

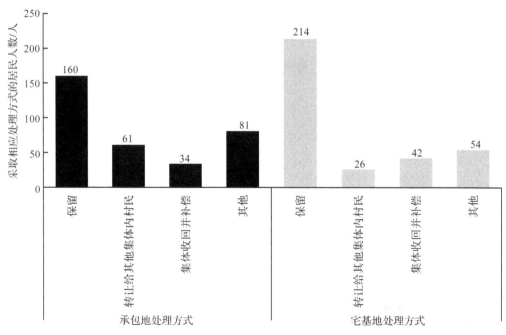

图7 本县农村户籍居民转换户籍后对承包地和宅基地的处理方式

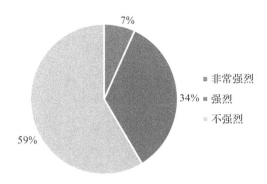

图8　补偿收回承包地和宅基地对本县农村户籍居民转为城镇户籍的影响程度

在就业方面，应聘时有9%的农村劳动力因为农村户籍而被拒绝，工作时有22%的农村劳动力遭受过不公平的待遇，8%的农村劳动力因农村户籍受到过歧视，其中有89%的农村劳动力是受到当地人的歧视，剩下是遭受少数企业的歧视。户籍歧视现象较少，并不是影响城镇化的主要因素，但仍需要改善这一现象。在移居县城方面，有80%的农村劳动力愿意在县城买房，有81%的农村劳动力会和自己的家人一起移居，这说明农村劳动力在县城购房的意愿强烈，政府可以实施一些住房优惠政策，吸引农村劳动力在城镇购房居住，进而推动城镇化。在子女教育方面，有26%的农村劳动力子女未在城镇上学，而有96%的农村劳动力希望自己的子女在县城上学，即子女的教育问题是父母很关心的方面。因此，解决子女教育问题可以助推城镇化进程。

3. 本县城镇

表3列示了本县城镇劳动力样本的描述性统计。调查样本中的本县城镇户籍人口共342人，可以看出55.56%的城镇户籍居民在城镇定居了10年以上；本县城镇户籍居民整体受教育水平较高，本科及以上占了43.86%，使得长期从事正规职业的居民占了一半以上，临时工和其他自由职业工作者占的比例较小，从而导致整体收入较高。整体已婚已育的占比很大，对生活质量的要求和教育的需求会进一步增大；由于收入水平较高，70%以上的居民拥有自购商品房和自购小产权房，但仍有少部分居民居住在出租屋和农村家里，有1.75%的居民可享受政府保障房，整体来看城镇户籍的居住水平比农村户籍高。

调查结果显示，除从小就是城镇户籍的居民外，剩下的154个居民中有73%是因为工作原因加入城镇户籍，其余的居民则是因为教育、医疗等公共服务方便，由此看出增加工作岗位、增强公共服务能力可推进城镇化进程。在是否回村养老方面，有27%的城镇居民选择回村养老，显示出城镇在养老方面的服务和政策还不够完善，城镇居民幸福感不足从而选择回村养老。加快城镇化进程不仅是加快农村居民户籍的转换，还要留住城镇居民，增强城镇户籍居民的幸福感和舒适感。

表3　本县城镇劳动力样本的描述性统计

变量	类别	占比/%	变量	类别	占比/%
性别	男	44.44	是否婚配	是	78.65
	女	55.56		否	21.35
城市定居年数	3年以下	13.16	是否已育	没有孩子	21.64
	3—5年	13.74		独生子女	43.27
	6—10年	17.54		2个孩子及以上	35.09
	10年以上	55.56	身体是否健康	差	0.58
职业	长期正规工作	57.60		较差	3.51
	个体户	17.25		一般	13.45
	临时工	12.28		较好	40.35
	其他	12.87		很好	42.11
月收入水平	2000元以下	11.40	现居住地	单位宿舍	6.73
	2000—3000元	16.67		出租屋	7.89
	3000—4000元	29.82		自购商品房	52.92
	4000元以上	42.11		农村家里	2.92
受教育水平	高中以下	18.13		自购小产权房	18.71
	高中	14.91		政府保障房	1.75
	专科	23.10		其他	9.08
	本科及以上	43.86		—	—

（二）本县农村与本县城镇对比

本文对本县农村与本县城镇进行了对比，结果如表4所示，可以看出户籍会对受教育水平产生影响，城镇户籍居民比农村户籍居民享受更好的教育环境，正是由于两者的受教育水平差异大，职业收入差距大，从而在住房环境方面也有较大差异。农村户籍居民由于受教育水平较低，在接受新思想和改变固有思想时较为困难，因此，推动城镇化可以从提高居民受教育水平入手。

表4　本县农村与本县城镇对比

类别		本县城镇人数/人	本县农村人数/人	比例（城镇/农村）
受教育水平	本科及以上	150	85	1.76
	高中以下	63	117	0.54
月收入水平	2000元以下	39	76	0.51
	2000—3000元	57	64	0.89
	3000—4000元	102	84	1.21
	4000元以上	144	118	1.22
住房为商品房		181	88	2.06

（三）不同因素对户籍城镇化的影响

1. 样本特征对户籍转换的影响

为了更好地推动城镇化进程，应对转换户籍持不同意愿的农村劳动力采取不同的措施或政策，从而快速有效地推动城镇化进程。因此，本文通过对本县农村劳动力的交叉分析来了解不同样本特征对户籍转换的影响，进而对不同特征的农村劳动力采取不同的政策，助推城镇化进程。

图 9 显示了年龄对户籍转换的影响，图 10 显示了是否选择回村养老对户籍转换的影响。随着年龄的增加，农村劳动力转换户籍的意愿在下降，年龄较大的居民会选择经济压力小、生活安稳的地方养老。养老问题是目前农村劳动力关注的重点问题之一，良好的养老环境和养老政策可以促进农村劳动力的户籍转换，因此，政府要完善城镇的养老政策，保障居民的老年生活，进而推动城镇化进程。

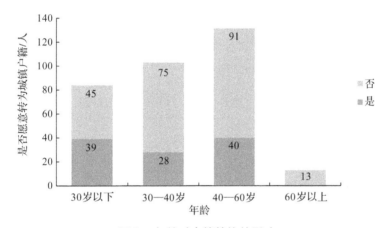

图 9　年龄对户籍转换的影响

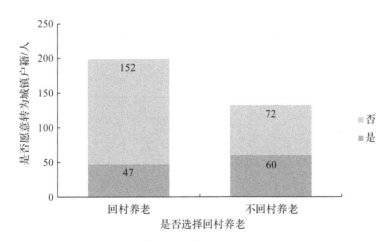

图 10　是否选择回村养老对户籍转换的影响

图 11 显示了是否婚配和已育对户籍转换的影响。随着孩子数量的增加，农村劳动力的户籍转换意愿降低，原因可能为随着家庭人口的增多，经济压力也随之加大，同时也不愿放弃农村土地这个保障[40]，导致户籍转换意愿的下降，而没有孩子或一个孩子的家庭，在转换户籍后在城镇落户的压力也相对较小。随着二孩、三孩政策的开放，多子女家庭也越来越多。因此，对多子女家庭的住房和教育方面进行补偿，可以推动城镇化进程。

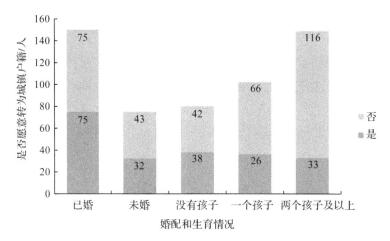

图 11　是否婚配和已育对户籍转换的影响

图 12 显示了收入水平对户籍转换的影响。各个收入水平下的农村劳动力对户籍转换的意愿都不高，尤其是收入水平在 4000 元以上的。对于收入水平较高的农村户籍居民来说，生活和经济压力小，转换户籍不会有较大的收入提升；对于收入较低的居民，受教育水平有限和城镇生活压力大会阻碍其进行户籍的转变。在推进城镇化的进程中，城乡收入差距过大并不利于推动城镇化[41]，因此，政府要加强相关的职业培训，促进当地经济建设与发展，减少收入差距，推动城镇化进程。

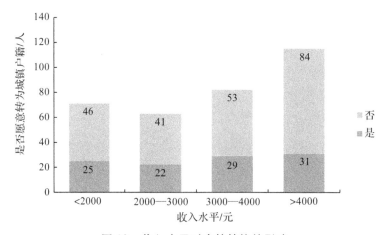

图 12　收入水平对户籍转换的影响

图 13 显示了城镇定居年数对户籍转换的影响。李升等[42]指出，城镇的经济发展水平高、城市公共服务好才会使居住时间长的居民有落户意愿。而在我们的调查中定居年限越长反而户籍转换意愿越低，有可能是因为该县域的经济水平不高、公共设施不够完善、社会福利较差，导致在城镇居住的农村劳动力的户籍转换意愿不强烈。因此，应大力发展经济，改善居民的居住环境，增强其生活的幸福感和舒适感。

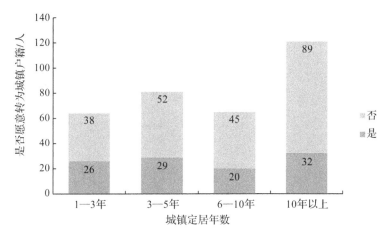

图 13　城镇定居年数对户籍转换的影响

图 14 显示了现居住地对户籍转换的影响。现居住条件稳定的农村劳动力的转换户籍意愿低，而居住条件不稳定的，如单位宿舍、出租屋和政府保障房的农村劳动力转换户籍意愿高，政府可以从改善住房条件入手，在住房方面提供经济上的帮助。而对于住房条件较好的农村劳动力，政府要加强社会保障，增强其在城镇的身份认同感，这能有效推动县域城镇化进程。[43]

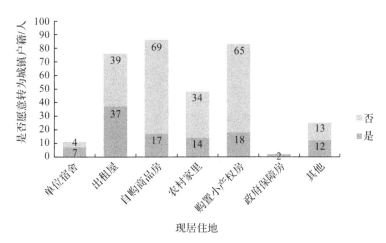

图 14　现居住地对户籍转换的影响

图 15 显示了户籍所在地与城镇的距离对户籍转换的影响。可以看出不论户籍所在地距离城市远近，农村劳动力户籍转换意愿都不高。通过对比可知，户籍所在地为偏远农村的农村劳动力转换户籍的意愿较低，可以解释为就近地区的城镇化可以减少农村劳动力的生存成本[44]，就近地区的城镇化可以使农村劳动力住在农村家里减少住宿成本，并可以同时兼顾工作和农忙，因此，户籍转换意愿较高。此外，该城镇的经济发展情况可能不好，社会福利和城市公共服务不能满足农村劳动力，户籍所在地远离城镇的农村劳动力生存成本要高于户籍所在地离城镇较近的农村劳动力，导致前者转换户籍意愿较低。

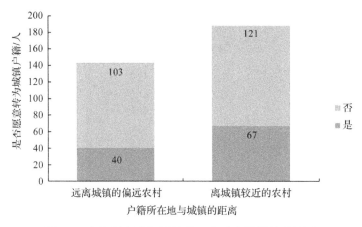

图 15　户籍所在地与城镇的距离对户籍转换的影响

2. 农村土地处理问题对户籍转换的影响

土地问题一直是城镇化进程中较受关注的问题，在城镇化的过程中农村土地的闲置规模较大，会造成土地资源的浪费，阻碍农业现代化的发展，不利于城镇化的推进。[19]

图 16 显示了承包地的处理方式对户籍转换的影响。兼职耕种承包地和将承包地承包给集体内他人使用这两种方式可以使农村劳动力获得经济收益，这类农村劳动力的户籍转换意愿低。农村劳动力保留农村户籍会降低失去土地的风险，能避免一定的财产损失[45]，因此，他们不会轻易放弃农村户籍。选择委托父母和闲置这两种方法的农村劳动力的户籍转换意愿相对较高。一方面，父母年迈不能从事高强度的农活；另一方面，工作会与农忙时间冲突，会降低承包地的经济收入，从而导致土地闲置，造成土地资源浪费。

图 17 显示了宅基地的处理方式对户籍转换的影响。本身没有宅基地或者其他家人居住在宅基地的农村劳动力转换城镇户籍的意愿较高，而选择将宅基地闲置或有偿转让给其他集体内村民的农村劳动力转换城镇户籍的意愿较低，可以看出土地的经济效益会拉低户籍转换意愿，城镇的住房压力较大有可能也是农村劳动力选择保留宅基地的原因。

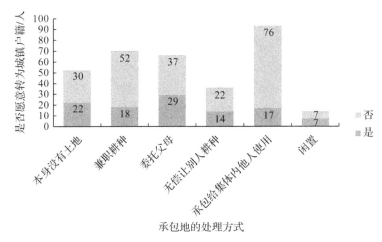

图16　承包地的处理方式对户籍转换的影响

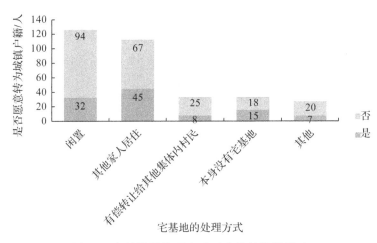

图17　宅基地的处理方式对户籍转换的影响

　　综上，农村土地的处理问题对户籍转换的影响很大，农村劳动力担心户籍转换会失去土地这一经济来源，进而影响城镇化进程。是否允许农村劳动力"带权进城"已成最近讨论的热点，农村劳动力"带权进城"虽然不利于农村土地的经营和发展，但能有效推动城镇化的进程，切实保障农村劳动力的利益[37]，同时"带权进城"可以减少农村劳动力的顾虑，提高城镇化质量[38]。因此，解决好农村土地问题有利于推动城镇化。

六、结论与建议

（一）研究结论

　　第一，从收入和职业来看，农村劳动力的收入和职业的稳定性都落后于城镇居民，大部分农村劳动力因受教育水平低导致收入低，没有正规工作，因此，城乡收入差距进一步扩大。农村劳动力认为城镇生活压力大，维持不了正常生活水平，使得转换户籍意愿降低，影响城镇化进程。

第二，从土地问题来看，农村劳动力在转换户籍后，大部分会将承包地承包给集体内他人使用或兼职耕种，而宅基地则会给其他家人居住或闲置，即使政府给予补偿，大多数农村劳动力还是会保留自己的承包地和宅基地。如何解决"三权问题"，让农村劳动力转换户籍后无后顾之忧，是深入推进城镇化的重点。

第三，从子女教育问题来看，子女入学是农村劳动力最关心的一点，而且城镇化中最想改善的也是教育条件。子女的教育是父母的头等大事，城镇学校会按城区划分，会有户籍的限制。因此，为改善子女教育，农村劳动力会积极转换户籍。

第四，从城市融入度来看，少数农村劳动力在工作中受到歧视和不公平的待遇，这导致农村劳动力在城镇中得不到认同感和归属感，再加上社会福利和社会公共服务不均等化，会大大降低农村劳动力转换户籍的意愿，影响城镇化进程。

第五，从城市公共服务来看，居民养老问题值得政府重视，回村养老会影响农村户籍的转换，政府应加大对城市养老服务的投入，改善老年人的居住环境和社会保障，让居民感到"老有所依"，增强在城镇居住的幸福感。

（二）政策建议

1. 推进城乡一体化

对于农村劳动力来说，县域的经济发展情况和生活环境状况是影响居住和落户的重要因素。具体而言：一是要加强县域的经济发展，深入推进新型工业化，根据各个县域的地理位置和经济优势引进不同的产业；政府应对经济不发达的县域提供帮助，充分发挥当地的产业优势，促进服务业的发展，使县域有一定的人口承载能力，引导并激励更多的农民工进城务工。二是要提升人力资本，政府应对入城务工者进行相应的职业教育和技能培训，拓宽就业渠道。三是要加强法律援助，农民工工资拖欠、陷入虚假合同等问题时有发生，影响农民工的正常生活，政府应建立相应的法律援助中心，加强法律意识的宣传，保障农民工的合法权益。

2. 深化土地制度改革

农村土地问题对农村户籍居民市民化的影响不可忽视。首先要完善承包地流转的相关法律法规，既保证农村户籍人口的合法利益，又不荒废耕地，使农村户籍人口拥有土地经营权，有稳定的土地收入[46]，能够有效推动市民化的进程。其次，针对宅基地问题，一是加快完善宅基地退出机制，加快农村土地流转，在宅基地退出后向农村户籍居民支付可观的农地补偿，为农村户籍居民进城落户提供良好的经济支持；二是加快城市养老机制建设，加强城市基础社会建设，提高城市生活质量，不仅要吸引农村户籍人口还要留住这些已转换户籍的城镇人口，提高城镇化质量。

3. 解决子女教育问题

调查研究显示，解决农民工子女的教育问题可以极大地促进农村户籍居民转换户籍，从而实现市民化的转变，李尧[26]也指出人们会愿意在教育资源好的城市定居。在国家的"人地钱"挂钩政策下，首先，政府要坚持以人为本的发展战略，加大对教育的投资，使得县域教育资源与农村转移人口数量相匹配，扩大学校的容纳能力；其次，应放宽对农村户籍子女的入学限制，调整按片分区入学政策，降低农村劳动力子女的入学门槛。

4. 实现城镇公共服务均等化

不均等的社会公共服务和不平等的社会福利会降低农村劳动力落户意愿，因此，要消除户籍不同导致公共服务无法均等化的问题，具体而言：一是要完善城镇公共服务功能，加强公共设施建设，提高城镇生态环境质量，创造公平和谐的生活环境，既吸引农村劳动力落户又能留住当地城镇人口。二是保证农民工的社会保障，如医疗、教育、养老等，并对农村劳动力贷款买房给予一定的优惠措施，降低其生活成本，减轻其生活压力，进而增强农村劳动力落户意愿，从而推动市民化进程。

参考文献

[1] 王雨飞，冷志明，丁如曦. 中国新型城镇化道路与房地产市场发展转型——"新型城镇化与房地产发展学术论坛"综述 [J]. 经济研究，2016(2)：181-185.

[2] 文乐，彭代彦. 土地供给错配、房价上涨与半城镇化研究 [J]. 中国土地科学，2016(12)：18-27.

[3] 马晓河. 中国经济迈上新的大台阶亟需加快推进城镇化 [J]. 农业经济问题，2021(9)：18-26.

[4] 金丹，戴林琳. 中国人口城镇化与土地城镇化协调发展的时空特征与驱动因素 [J]. 中国土地科学，2021(6)：74-84.

[5] 周心怡，李南，龚锋. 新型城镇化、公共服务受益均等与城乡收入差距 [J]. 经济评论，2021(2)：61-82.

[6] 罗楚亮，董永良. 城乡融合与城市化的水平与结构 [J]. 经济学动态，2020(11)：36-49.

[7] 纪珽，张国峰. 代际间职业流动、劳动力配置与中国的劳动生产率 [J]. 世界经济，2021(5)：105-129.

[8] 段巍，吴福象，王明. 政策偏向、省会首位度与城市规模分布 [J]. 中国工业经济，2020(4)：42-60.

[9] 田明，李辰，赖德胜. 户籍制度改革与农业转移人口落户——悖论及解释 [J]. 人口与经济，2019(6)：1-13.

[10] 李玉文，侯新烁，李五荣. 人口双向集散对县域城镇化的影响及其空间梯度 [J]. 经济地理，2021(9)：91-102.

［11］ 张卫国，罗超平，李海明．农民工、产业结构与新型城镇化——"中国西部开发研究联合体第10届学术年会"综述［J］．经济研究，2015(8)：175-179,192.

［12］ 杨佩卿．新型城镇化和乡村振兴协同推进路径探析——基于陕西实践探索的案例［J］．西北农林科技大学学报(社会科学版)，2022(1)：34-45.

［13］ 苏红键．中国流动人口城市落户意愿及其影响因素研究［J］．中国人口科学，2020(6)：66-77,127.

［14］ 朱华雄，王文．经济视角下的县域城镇化:内在逻辑、难点及进路［J］．新疆师范大学学报(哲学社会科学版)，2022(5)：57-66.

［15］ 赵德昭，许家伟．河南省县域就地城镇化时空演变与影响机理研究［J］．地理研究，2021(7)：1978-1992.

［16］ 施凡基，徐勇．中国县域人口城镇化与产业高级化的时空耦合及其影响因素研究［J］．长江流域资源与环境，2021(12)：2811-2821.

［17］ 汪增洋，李刚．中部地区县域城镇化动力机制研究——基于中介效应模型的分析［J］．财贸研究，2017(4)：25-32.

［18］ 刘双双，段进军．协调推进乡村振兴与新型城镇化:内在机理、驱动机制和实践路径［J］．南京社会科学，2021(11)：47-55.

［19］ 朱要龙．土地制度安排与半城镇化问题研究:分野、论争及引申［J］．中国人口·资源与环境，2018(11)：29-36.

［20］ 邹一南．农民工落户悖论与市民化政策转型［J］．中国农村经济，2021(6)：15-27.

［21］ 刘涛，刘嘉杰，曹广忠．中国城市人口户籍迁移的估算及时空特征——新型城镇化的落户政策导向［J］．地理科学，2021(4)：553-561.

［22］ 周文，赵方，杨飞，等．土地流转、户籍制度改革与中国城市化:理论与模拟［J］．经济研究，2017(6)：183-197.

［23］ 孙文凯，赵忠，单爽，等．中国劳动力市场化指数构建与检验［J］．经济学(季刊)，2020(4)：1515-1536.

［24］ 卢晶亮，陈技伟，冯帅章．人的城镇化:农民工的城市劳动力市场融入［J］．劳动经济研究，2021(4)：29-56.

［25］ 何伟．经济发展、劳动力市场转型与农民工分化［J］．经济学动态，2021(3)：93-112.

［26］ 李尧．教育公共服务、户籍歧视与流动人口居留意愿［J］．财政研究，2020(6)：92-104.

［27］ 邓群钊，石俊，喻登科．户籍制度背景下的社会资本结构与城乡收入差距［J］．管理评论，2022(3)：302-313.

［28］ 张吉鹏，卢冲．户籍制度改革与城市落户门槛的量化分析［J］．经济学(季刊)，2019(4)：1509-1530.

［29］ 朱光磊，裴新伟．中国农民规模问题的不同判断、认知误区与治理优化［J］．北京师范大学学报(社会科学版)，2021(6)：127-138.

［30］ 焦长权．从乡土中国到城乡中国:上半程与下半程［J］．中国农业大学学报(社会科学版)，2022(2)：22-39.

［31］ 李兰冰，高雪莲，黄玖立．"十四五"时期中国新型城镇化发展重大问题展望［J］．管理世界，2020(11)：7-22.

［32］ 韩嘉玲，余家庆．离城不回乡与回流不返乡——新型城镇化背景下新生代农民工家庭的子女教育抉择［J］．北京社会科学，2020（6）：4-13.

［33］ 姚植夫，薛建宏．新生代农民工市民化意愿影响因素分析［J］．人口学刊，2014，36（3）：107-112.

［34］ 钱泽森，朱嘉晔．农民工的城市融入：现状、变化趋势与影响因素——基于2011—2015年29省农民工家庭调查数据的研究［J］．农业经济问题，2018（6）：74-86.

［35］ 陈诚，杨巧．城市视角下农民工居留和落户意愿分异特征及影响因素研究［J］．华中科技大学学报（社会科学版），2021（5）：69-80，113.

［36］ 何炜．教育差异、公共服务提供与劳动力定居意愿［J］．经济科学，2020（4）：84-96.

［37］ 靳相木，王永梅．新时代进城落户农民"三权"问题的战略解构及其路线图［J］．浙江大学学报（人文社会科学版），2019（6）：147-166.

［38］ 杜宇能，刘娟，向涛．"带权进城"：城镇化进程中农民权益处置的一种思路［J］．农业经济问题，2020（4）：124-132.

［39］ 施德浩．家庭再叙事与教育资本化——微观视角下县域城镇化兴起的家庭、制度与空间［J］．城市规划，2022（7）：55-67.

［40］ 刘程．流动人口的永久迁移意愿及其决定机制［J］．华南农业大学学报（社会科学版），2018（3）：62-72.

［41］ 向书坚，郑瑞坤，杨璐瑶．城乡居民收入差距对城镇化影响的地区差异及动态演进［J］．数量经济技术经济研究，2022（7）：47-68.

［42］ 李升，苏润原．户籍地禀赋与流入地融合——流动人口定居意愿影响因素研究［J］．南方人口，2020（4）：41-56，67.

［43］ 胡宜挺，王天然，常伟．身份认同感、社会互动与农民工市民化——基于代际差异视角［J］．农村经济，2021（11）：114-123.

［44］ 顾东东，杜海峰，王琦．就地就近城镇化背景下农民工市民化的成本测算与发现——基于河南省三个县市的比较［J］．管理评论，2018（3）：240-247.

［45］ 钱龙，罗必良．土地财产性收益对农民工城市融入的影响［J］．改革，2022（9）：94-107.

［46］ 刘同山，张云华．城镇化进程中的城乡二元土地制度及其改革［J］．求索，2020（2）：135-142.

文化发展

侯富儒

关于钱塘江海塘·潮联合申遗的对策建议

如何聚焦聚力推进中华民族现代文明建设省域探索？笔者认为，世界遗产就是龙头抓手。因为世界遗产是全人类的文化瑰宝与自然珍宝，是向全世界讲好中国故事，让我国优秀传统文化实现现代化转型、国际化共享与保护，促进文明交流互鉴，增强中华文明国际传播力和影响力的最重要的国际平台。回顾 G20 杭州峰会晚会、亚运吉祥物成功擦亮浙江省世界遗产金品牌等重大国际赛会活动，我们可以看到，保护好、传承好、利用好世界遗产，促进人类文明赓续和世界可持续发展，推动构建人类命运共同体[1]，是习近平文化思想的重要组成部分。所以，追随习近平文化思想足迹，持续落实"八八战略"，深入发掘浙江省自然与文化遗产资源优势，把握好国家文物局优先跨省跨国联合申遗项目新政重大历史机遇，做大做强世界遗产群落，就是浙江省完成好新的文化使命的龙头抓手；龙头就是依托杭州湾世界级湾区建设，推进浙江省首要申遗目标钱塘江海塘·潮联合申遗。

一、钱塘江海塘·潮联合申遗的意义

钱塘江海塘·潮文化景观，2022 年被浙江省政府排在上山文化遗址群、长三角江南水乡古镇、海上丝绸之路、河姆渡文化遗址群等项目前面，作为首要申遗目标加以推进[2]，它的前身是海宁海塘·潮文化景观，2019 年被列入《中国世界文化遗

作者简介：侯富儒，浙江工商大学杭州商学院教授，浙江大学公共政策研究院、浙江省公共政策研究院研究员，浙江省文化产业创新发展研究院研究员，浙江省钱塘江涌潮研究会特邀专家。

① 习近平向第 44 届世界遗产大会致贺信[N]. 人民日报，2021-07-17(1).

② 浙江省政府办公厅. 关于推进文化和旅游产业深度融合高质量发展的实施意见：浙政发〔2022〕33 号〔A/OL〕.（2022-11-30）〔2024-05-18〕. https：//www. zj. gov. cn/art/2022/11/30/art _ 1229019364_ 2449032. html？ eqid = b73b5b1e001625cb00000004648888c7.

产预备名单》①。考虑到遗产价值、旅游观赏、外交关系、申遗名额、前期基础等因素，笔者建议初期推进我国钱塘江海塘·潮与巴西亚马孙河、印度尼西亚金宝河等涌潮联合申遗，后期再考虑扩展到其他国家涌潮。实施本项目具有三大意义。

（一）昂起浙江省联合申遗梯队龙头，重塑全球省域世界遗产与文明高地

从世界遗产空间分布密度看，意大利、德国、法国、西班牙分别是我国的33.22、26.10、13.90、16.78 倍，我国与欧洲发达国家世界遗产数字鸿沟触目惊心，远远高于人均 GDP 差别，尤其是跨国遗产数量（见表 1）。

表 1 全球世界遗产等相关数据比较（数据截至 2023 年）

比较维度	意大利	德国	法国	西班牙	中国
世界遗产数量	59	55	52	50	57
跨国遗产数量	7	10	7	4	1
领土面积（万平方公里）	30.10	35.70	63.30	50.60	960.00
遗产密度（个/万平方公里）	1.96	1.54	0.82	0.99	0.06
遗产空间分布密度与中国之比	33.22	26.10	13.90	16.78	1
人均 GDP（万美元）	3.74	5.28	4.63	3.30	1.25
人均 GDP 与中国之比	2.99	4.22	3.70	2.64	1

数据来源：联合国教科文组织世界遗产委员会官方网站、国际货币基金组织官方网站。

基于世界遗产真实性与完整性保护根本原则，联合国一直优先跨省跨国联合申遗项目，早期不计入申遗名额限制，2016 年起不管参与者多少只计牵头国 1 个名额。② 我国丝绸之路仅用 1 项他国名额；而德国有 10 项跨国遗产，其中 7 项用他国名额。自 2018 年起，缔约国每年只有 1 个申遗名额，而我国列入联合国世界遗产中心《暂定清单》的预备申遗项目达 61 个，申遗成为各地急难愁盼问题，如黑龙江、上海、海南、香港、台湾等地至今尚无世界遗产。为此，2023 年 3 月 31 日，国家文物局关于启动《中国世界文化遗产预备名单》更新工作的通知发布，提出"省级推荐项目数量原则上不超过 2 项。跨省、跨国联合申遗项目不受数量限制"③，为我国弥补跨国遗产巨大短板、破解申遗名额突出问题提供了一把金钥匙。

---

① 国家文物局. 关于将"海宁海塘潮文化景观"列入《中国世界文化遗产预备名单》的函：文物保函〔2019〕322 号［A/OL］.（2019-04-13）［2024-05-18］. http：//www.ncha.gov.cn/art/2019/4/13/art_2237_28068.html.

② 李俊融、李静宜. 跨国世界遗产的现况分析与展望［J］. 中国文化遗产，2022（5）：43-51.

③ 国家文物局. 国家文物局关于启动《中国世界文化遗产预备名单》更新工作的通知：文物保函〔2023〕270 号［A/OL］.（2023-03-31）［2024-05-18］. http：//www.ncha.gov.cn/art/2023/3/31/art_2318_46073.html.

据本文初步发掘，浙江省跨国联合申遗项目有十多项，名列全国乃至全球省域之首，如涌潮、海丝、稻、廊桥、造纸、阳明文化、竹林、银杏、儒、朱鹮等，所以浙江省要勇当先行者，既要率先推进世界奇观钱塘江海塘·潮联合申遗，昂起浙江省联合申遗梯队龙头；更要抓住这个极其宝贵的历史机遇，大胆发掘、大力培育、稳步推进联合申遗梯队，赶超西班牙卡斯蒂利亚—莱昂自治区、意大利伦巴第大区、法国普罗旺斯—阿尔卑斯—蓝色海岸大区等世界遗产最密集的省级区域，重塑全球省域世界遗产与文明高地。

（二）共建杭州湾世界级湾区，屹立文化景观

2023 年 12 月，国务院批复浙江省杭州湾建设世界级湾区重大规划①，该规划对标全球最著名的日本东京湾区、美国纽约湾区和旧金山湾区三大湾区，打造一个具有全球竞争力和影响力的现代化湾区，成为世界经济的重要增长极和创新高地，特别需要一个具有辨识度的国际标识。本项目推进世界奇观钱塘江天文大潮及绵延千年的海塘文化、潮文化申遗，让钱塘江海塘·潮这条最厚重的自然与文化纽带把沿海沿湾的上海、杭州、嘉兴、绍兴、宁波等全部城市紧紧拥抱在一起，在全世界人民面前昂起龙头，将为共建杭州湾世界级大湾区注入洪荒伟力，这是宇宙亿万年演化与中华民族数千年共同创造的最壮观的文化景观。

（三）造福世界各国人民文旅，打造天文涌潮地标

钱塘江海塘·潮文化始于汉魏，盛于唐宋，历经两千年而长盛不衰。白居易、苏轼是我国审美艺术巅峰历史时期的文坛领袖，留下"山寺月中寻桂子，郡亭枕上看潮头""寨帘待月出，把火看潮来""八月十八潮，壮观天下无""寄语重门休上钥，夜潮流向月中看""庐山烟雨浙江潮，未至千般恨不消"等诗句；宋代皇帝禁中观潮，清代康熙、乾隆多次亲临观潮，众多帝王都把修筑海塘作为安邦治国的重大工程；革命家孙中山观潮，题词"世界潮流，浩浩荡荡，顺之者昌，逆之者亡"；五台山和尚鲁智深，闻潮声顿悟禅机而圆寂；民国时期上海等周围城邑的游客组团观潮，开行海宁观潮专列，千百年来雅俗共赏的钱塘江"现象级"观潮旅游活动，见证了其在中国人民山水旅游审美中的极品地位。这既源于其"十万军声半夜潮""壮观天下无"的壮观性与稀缺性，又源于其一线潮、交叉潮、冲天潮、回头潮、鱼鳞潮等多彩性与动态性，更源于我国人民两千年来同涌潮抗争的海塘文化、弄潮文化与观潮文化相辅相成的统一性与连续性。究实言之，钱塘江海塘·潮鲜活展示了中华文明突出的连续性、统一性、创新性。在新时代的甲辰龙年，作为"先行

---

① 国务院. 国务院关于《浙江省国土空间规划（2021—2035 年）》的批复：国函〔2023〕150 号［A/OL］. (2023-12-21)［2024-05-18］. https：//www. gov. cn/zhengce/content/202312/content_ 6922235. htm.

· 185 ·

者"与"重要窗口"，推进钱塘江海塘·潮联合申遗，有利于浙江省在全世界人民面前昂起"拥江发展"战略龙头，昂起担当新的文化使命龙头，昂起深度融入长三角一体化发展龙头，打造鲜活展示中华民族现代文明的文化大走廊与世界级滨水区，擦亮浙江省长三角"金南翼"成色，提升浙江省长三角"金南翼"能级，重塑天文涌潮地标。

二、钱塘江海塘·潮联合申遗面临的关键问题与基本构想

钱塘江海塘·潮联合申遗，浙江省可从根本上重塑全球省域世界遗产与文明高地、共建杭州湾世界级湾区、打造天文涌潮地标，完全符合习近平总书记关于申遗"申报项目要有利于突出中华文明历史文化价值，有利于体现中华民族精神追求，有利于向世人展示全面真实的古代中国和现代中国"① 重要批示精神，可谓浙江省勇当先行者谱写新篇章，聚焦聚力推进中华民族现代文明省域建设探索，意义非常重大，但是也面临如下三大关键问题：适合申报什么类型的遗产？最突出的普遍价值是什么？由谁来提供联合申遗项目名额？为破解这些关键问题，笔者提出如下基本构想。

（一）关于遗产申报类型，建议采用自然与文化双重遗产申遗

第一个关键问题，就是遗产申报类型。是继续按既有的文化景观遗产申报？还是在严格遵守真实性与完整性根本原则、兼顾联合申遗各方最大公约数基础上，采用自然与文化双重遗产申报？笔者认为，钱塘江海塘·潮首先是自然遗产，然后才是文化遗产。它形成一个自然遗产关键要素就是喇叭口，自汉代以来观潮首选地一直是杭州主城区的凤凰山及江干区，从明代起因地理变迁，海宁盐官才成为观潮第一胜地，所以潮文化一直是以杭州主城区为主，如"郡亭枕上看潮头"，郡亭就在杭州市西湖区虎跑路满陇桂雨公园内，宋代六和塔及近现代钱塘江铁路大桥也都在杭州主城区。所以浙江省政府办公厅 2022 年《关于推进文化和旅游产业深度融合高质量发展的实施意见》将"海宁海塘·潮"改名为"钱塘江海塘·潮"，这是一个重大改进，但是，还不够彻底，必须改为自然与文化双重遗产申遗，原因有二：一是从本末关系看，文物保函〔2019〕322 号提出"考虑到'潮'是一种自然现象，虽与海塘的产生、发展密切相关，但难以作为遗产构成要素进行申报，也难以对其施以有效的保护和管理"②，从而放弃保护其关键自然遗产要素保护，只要求

---

① 裘一佼，陆遥. 实证中华五千年文明史的圣地——习近平同志关心良渚遗址保护和申遗纪事 [N]，浙江日报，2019-07-26（1）.

② 国家文物局. 关于将"海宁海塘潮文化景观"列入《中国世界文化遗产预备名单》的函：文物保函〔2019〕322 号［A/OL］.（2019-04-13）［2024-05-18］. http：//www. ncha. gov. cn/art/2019/4/13/art_ 2237_ 28068. html.

重点保护筑塘传统和工程技术两个方面。笔者认为这是颠倒了涌潮自然遗产与文化遗产的本末关系，割裂了杭州与海宁的先后关系，结果可能因为围垦、工农业用水、城市化发展、缺乏统一保护等原因，喇叭口这个涌潮形成的关键自然遗产要素受到损害，就有可能重蹈美国科罗拉多、法国塞纳河、英国塞文河与特伦特河等涌潮销声匿迹①的覆辙。事实上我们应当利用现代科学技术等综合手段，对涌潮进行更全面、更系统、更彻底的保护与管理。二是从申遗名额看，中国钱塘江涌潮、巴西亚马孙涌潮、印度及孟加拉国恒河涌潮，是世界上知名度最高的三大涌潮奇观，生来就带着潮灾，由于两千年来中国政府一直高度重视修筑海塘，兴利除弊，因此人民可以从容地观潮乃至弄潮，从而积累了两千多年的海塘文化、弄潮文化与观潮文化，使钱塘江海塘·潮兼有规模性、观赏性、文化性与连续性等无与伦比的自然与文化属性。恒河涌潮区域因地势低洼，水流汹涌，加上河流严重污染，又无海塘，涌潮就是灾难，缺乏观潮基础。亚马孙涌潮以野性壮观闻名于世，地处热带雨林区域，人烟稀少，故以自然属性为主。例如，圣多明各镇河道是南部野草河的支流，因每年 3 月、4 月举行冲浪节闻名于世，成为亚马孙河沿岸唯一的观潮点。印度尼西亚廖内省金宝河涌潮，虽然知名度不高，但是每年 11 月在河畔的特拉克达莫兰村举行"巴卡多波诺节"，能吸引来自世界各地的冲浪者。截至 2023 年第 45 届世界遗产大会，只有亚马孙河、金宝河涌潮具有最基本的联合申遗条件。这三个联合申遗点的最大公约数，就是符合世界自然遗产"绝妙的自然现象或具有罕见自然美和美学价值的地区"评审标准。因此，我方必须放弃以文化景观申遗的定位，改为最稀缺的自然与文化双重遗产申遗，且能享受联合国优先申遗政策，才有可能与巴西、印度尼西亚联合申遗，并用他们的申遗名额早日申遗成功。否则由于中国预备申遗项目 61 个，加上浙江省自 2011 年来九年内连续三次申遗，未来可能等上一个甲子也难以再获得独立申遗机会。

（二）关于最突出的普遍价值，建议突出天文涌潮河流

第二个关键问题是该项目最突出的普遍价值是什么？世界三大涌潮河流，是举世闻名的世界奇观，但是截至 2023 年第 45 届世界遗产大会，全球还没有一项天文涌潮河流类的世界遗产，所以本项目最突出的普遍价值就是"绝妙的自然现象或具有罕见自然美和美学价值的地区"中的天文涌潮河流。钱塘江海塘·潮既是天文奇观，具有非凡的观赏价值，又有近处滩涂神妙莫测的"潮汐树"，更能把游客引向浩瀚宇宙中的日月，究天人之际，这是全球所有世界遗产中所没有的最突出的普遍

---

① 乔纳森·怀特. 乔纳森·怀特在钱塘江：世上涌潮之地百余处 钱塘潮最与众不同［EB/OL］.（2017-10-04）［2024-05-18］. https：//www. jiemian. com/article/1662743_ qq. html.

价值。同时天文涌潮共同面临着消失殆尽的巨大威胁，如我国古代山东青州涌潮、江苏广陵潮，西方发达国家美国科罗拉多、法国塞纳河、英国塞文河等涌潮，因为工农业发展与城市化等多种原因都已不复存在。因此，本项目更显珍贵，故联合申遗各国特别需要取长补短，共同保护，防止重蹈覆辙。

（三）关于申遗名额，建议做到双保险

第三个关键问题是联合申遗由谁提供申遗名额？截至2023年，中国已连续15年成为巴西最大的贸易伙伴，卢拉于2023年再次就任总统后，旋即访问中国，正如他自己所说，这体现了巴方对中国的热爱以及对发展巴中关系的重视，巴西是从推动建立公正合理的国际秩序的战略高度致力于同中国发展更紧密的关系。全面加强对华关系也是巴西立法机构和社会各界的共同强烈愿望，并表示巴方愿同中方密切文化等领域交流合作，增进双方人民相互了解。习近平主席指出，中国和巴西分别是东西半球最大的发展中国家和重要新兴市场国家，互为全面战略伙伴，拥有广泛共同利益，中巴关系的全局性、战略性、全球性影响日益突出。中方始终从战略高度和长远角度看待和发展同巴西关系，将中巴关系置于外交优先位置。双方要以庆祝两国建交50周年为契机，密切人文领域交流合作，夯实中巴友好民意基础。①印度尼西亚是习近平主席21世纪海上丝绸之路的首倡之地，佐科担任总统期间，推动对华友好政策，雅万高铁的成功为推进"中印尼命运共同体"建设奠定了强大的物质基础与民意基础，2024年2月14日，普拉博沃当选印度尼西亚总统，普拉博沃此前曾表示，如当选将继承现任总统佐科的执政纲领和国家发展战略。② 截至2023年第45届世界遗产大会，中国、巴西、印度尼西亚印尼列入教科文组织世界遗产中心《暂定清单》的项目分别是61项、21项、19项，巴西、印度尼西亚申遗名额压力比我国小。所以，从主客观多方面条件看，我们有望在共商共建共赢基础上邀请这两国联合申遗，并争取用巴西或印度尼西亚名额申遗。考虑到国际政策风云变幻莫测，所以要做到"双保险"。同时巴西是金砖国家创始国，孟加拉国（恒河涌潮）与印度尼西亚都是金砖国家潜在重要发展对象，本项目还可期望打造金砖国家友好合作的国际标识。

三、推进钱塘江海塘·潮联合申遗的对策建议

为实现本项目重大价值与基本构想，下面提出三个方面的对策建议。

---

① 习近平同巴西总统卢拉举行会谈［N］.人民日报，2023-04-15（1）.

② 南博一.普拉博沃赢得总统大选后会见中国驻印尼大使陆慷，二人互道"恭喜发财"［EB/OL］.（2024-02-18）［2024-05-18］. https：//www.thepaper.cn/newsDetail_ forward_ 26380649.

（一）按照真实性与完整性原则及双重遗产要求重新命名重新规划申遗区域

1. 国内项目更名为"浙江潮·海塘奇观"

要进一步申请这一更名，原因有三：一是借鉴杭州亚运会采用白居易诗歌《江南忆》作为吉祥物名称，更名为"浙江潮·海塘奇观"就是借苏东坡诗句作为本项目题目；二是体现了自然与文化双重遗产的本末关系；三是践行了真实性与完整性保护原则。为此，要将申遗范围扩展到上海、嘉兴、杭州、绍兴、宁波等杭州湾全部区段及相应文化遗产，包括喇叭口、六和塔、钱塘江铁路大桥等。

2. 国际涌潮联合申遗项目命名为"世界天文涌潮奇观：浙江潮·海塘与亚马孙河、金宝河等涌潮"

这个命名，一是突出了天文涌潮这一最大突出的普遍价值与稀缺性；二是奇观两字蕴含了双重遗产之意，找到最大公约数，并为继续扩展项目留下空间；三是参考了我国第一个跨国联合申遗项目经反复交流研究后确定的名称"丝绸之路：起始段和天山廊道的路网"。

3. 采用超算模拟等最新科技手段保护遗产

要启动前瞻性研究"浙江潮·海塘奇观"变化规律与发展趋势，师法都江堰道法自然大智慧，以最小干预遏制重现英法美等多国涌潮消失现象，谨慎处理喇叭口附近围垦问题，更好地营造"六和听涛"古风禅韵，更好地恢复杭州主城区倾城赏潮的文化风尚。

（二）中国、巴西、印度尼西亚三国携手，分期推进联合申遗

1. 三国成立世界天文涌潮奇观联合申遗委员会

邀请全球其他涌潮国家，如巴布亚新几内亚（弗莱河）、越南（湄公河）、马来西亚（鲁巴河）、孟加拉国（恒河）、澳大利亚（戴利河）、印度（胡格利河）、法国（塞纳河）、英国（塞文河）等国涌潮，召开国际学术会议，就涌潮价值、共同保护、预防消失、开发利用等问题进行学术探索，分期推进联合申遗。如巴布亚新几内亚是太平洋岛国地区面积最大、人口最多的国家，该国的母亲河弗莱河涌潮，可以作为本项目优先推进对象。原因有三：一是该国应得到优先待遇。截至2023年第45届世界遗产大会，该国只有一项世界遗产，是联合国教科文组织特别优先申遗的国家，是第44届世界遗产大会《福州宣言》"呼吁加大对有需要的国家，特别是非洲和小岛屿发展中国家的支持"[①]的对象国。二是我国能提供力所能

---

① 国家文物局. 第44届世界遗产大会《福州宣言》（全文）[EB/OL]. (2021-08-01)[2024-05-18]. http：//www.ncha.gov.cn/art/2021/8/1/art_722_170257.html.

及的申遗能力建设帮助。该国基本上处于原始部落阶段，弗莱河尚未受到现代化的危害，是世界上最长的全流域所有河段未被水坝分段的河流。三是双边外交关系友好。该国的莫尔兹比港国际会议中心，是中国在太平洋岛国地区最大的援建项目。

2. 积极开展地方遗产外交

2022年，浙江省与国家文物局签署《关于加强浙江省文物保护利用战略合作协议》，根据协议，双方将在文物保护、活化利用、对外交流等领域共12个方面进行战略合作。国家文物局将大力支持浙江省在全国文物和文化遗产保护、利用、传承方面立标杆、做示范，在对外交流上树形象，在融合发展上见实效，打造中华文明展示窗口等方面先行先试，努力为全国提供可复制、可推广的"浙江经验"①。浙江省要依此协议积极开展地方遗产外交，如与印度尼西亚廖内省结对，让盐官镇与巴西圣多明各镇结对，夯实联合申遗民意，锁定提供申遗名额国家。

（三）依托海塘安澜千亿工程，打造展示中华民族现代文明的文化大走廊，建设天文涌潮地标

2020年起，浙江启动2000公里的海塘安澜工程，投资超过千亿元，集"安全、交通、文旅"等概念于一体，最终成为浙江滨海一条风景线、生态线、幸福线。如将依托嘉兴海宁"百里钱塘"与杭州钱江两岸150公里，未来5—10年将建成世界级观潮胜地、世界级潮文化遗产公园、世界级滨水岸线。在海宁闻名于世的尖山源头潮、丁桥大缺口交叉潮、盐官一线潮、盐仓回头潮四大观潮胜地基础上，海宁计划把它们扩建成四大观潮亲水公园，配套绿化景观和灯光秀。在丁桥大缺口堤坝处建个泛海塘博物馆。在杭州西湖之江、滨江浦沿、萧山湘湖、富阳东洲等打造"三江汇"未来城市实践区，开发建设未来生态海塘示范样板，上演一幅现代版"富春山居图"。② 依托海塘安澜千亿工程，笔者建议先在嘉兴与杭州段，充分利用滨水区域及亚运场馆，实施"两点一会"工程。

1. "点缀"中华名桂、"浙八味"及我国特有的珍稀植物

在绿道空地种植雪桂、九龙桂、状元红、杭州黄、朱砂桂、玉玲珑、佛顶珠、天香台阁、中华龙桂等中华名桂，玄参、麦冬、白术、白芍、杭白菊、温郁金、浙贝母、延胡索等"浙八味"，珙桐、银杏、金缕梅、天目木兰、金镶玉竹、细果秤锤树等我国特有的珍稀植物，既烘托"浙江秋涛"诗情画意的景色，又展开别样精彩的生态科普。

---

① 国家文物局. 国家文物局与浙江省人民政府签署战略合作协议[EB/OL]. (2022-12-18)[2024-05-18]. http://www.ncha.gov.cn/art/2022/12/18/art_722_178745.html.

② 浙江投资超千亿，十年后建成2000公里最美海塘[N]. 都市快报，2021-10-15（B05）.

2. "点睛"中华优秀文化与新时代成就

利用宣传栏、长椅、文化石、仿生银杏叶等载体，"点睛"钱塘江领先世界的海塘建造技艺，宣传科学御潮、奋斗不止的海塘文化；展现赏桂赏月与观潮弄潮诗画文化，以及潮神祭祀等"非遗"民俗；发扬"弄潮儿向涛头立"的弄潮精神，干在实处、走在前列、勇立潮头等浙江精神；彰显新时代我国领先世界的新成就。

3. 常年举办以涌潮为主题等丰富多彩的群众性国际赛会活动

白居易诗云："早潮才落晚潮来，一月周流六十回。"钱塘江涌潮的与众不同之处，不仅在于它"壮观天下无"，也因为它一天两次涌潮，一年365天，一直延续了两千多年。所以要发挥浙江潮这个优点，常年举办以涌潮为主题的多姿多彩的群众性国际赛会活动，如"观潮节"、潮神祭祀、诗书画印、冲浪、无人机表演、龙舟、舞龙、舞狮、太极拳、英歌舞、高跷、腰鼓、剪纸、根雕等。特别是要专门开辟安全区域与适当时间，安排最具参与性、国际性的抢潮头鱼（"非遗"项目）、"潮汐树"摄影等国际性赛会，配合新媒体国际传播；打造展示世界级滨水区、中华美食的文化大走廊，建设天文涌潮地标，促进自然与文化遗产保护以及社会可持续发展。

胡 颖

运河文化融入高校思政课建设的
价值意蕴与实践路径

运河文化具有深厚的历史文化底蕴，是中华文明根脉相承、薪火相传、经久绵续的动力所在。高校思想政治教育课是增强学生文化认同、增进文化自信的重要抓手，将运河文化融入高校思政课建设中，可促使大学生强化运河历史文化认知，突出中华文化特征和中华民族视觉形象，教育引导广大师生正确认识运河发展史，铸牢中华民族共同体意识。

一、运河文化融入高校思政课建设的价值意蕴

大运河作为历史文化遗产，蕴含着中华民族自强不息的人文精神和人与自然和谐相处的生态智慧，是中华民族最具代表性的文化标识之一，其主要包括有形文化遗产与无形文化遗产，涵盖河、岸、城，综合物质、精神、制度三种遗产类型，它们印刻着中国共产党的奋斗历程和理想追求，展现着党史发展的主题主线与主流本质，彰显出中国共产党坚定不移的政治立场及开拓进取、开放包容、奋力拼搏的运河精神品格，为高校思政课的开展提供了宝贵且优质的理论教学资源。

（一）守护与传承：运河资源与思政课的物态交互

运河的实体文化遗产是运河资源的重要组成部分，它们兼具物质与文化的双重属性，涵盖了诸如运河遗物、航运历史、水利工程艺术、古建风貌、园林景观、沿河城镇以及运河科技馆等诸多元素。这些事关运河的历史档案、视觉记录以及周边遗址的历史遗产，具有鲜明的红色烙印，象征着中国共产党的鲜活历史轨迹，是理想信仰的生动见证，它们凭借其可感性，如声音、视觉和互动体验，极大地提升了思政教育的直观性和吸引力。比如，浙江水利水电学院开展的"大江大河畔的人生

作者简介：胡颖，浙江水利水电学院讲师。

信仰"和"有风景的思政课"实践活动，正是将红色印记成功融入思政教学的典型示范案例。

大运河历史悠久，文化资源体量巨大，据统计，大运河的源起可以追溯到春秋吴王阖闾时期的邗沟建设，历经沧桑，跨越 2500 余年，长达 1794 公里，贯穿了海河、黄河、淮河、长江和钱塘江五大流域，穿越了北京、天津、河北、山东、江苏和浙江等省市，堪称全球现存最长且航行历史最为悠久的人造水道，是中华文明璀璨遗产中不可或缺的一部分，将其精神内核有效融入思政课，有助于保护和弘扬运河文化。

（二）传播与建构：运河叙事与思政课的内容交互

运河资源是中国人民用勤劳和智慧书写的伟大叙事，每一处遗址与文物背后都有着扣人心弦的红色故事，高校思政课要提升"运河故事叙事力"，激发"红色记忆"能量释放，让历史成为立德树人最好的营养剂。

思政课中不仅要传播运河故事，还要研究和建构运河故事，更要立足于政治性要求，梳理出运河故事的主题。课堂中要根据授课内容选择切题的"运河故事"，以具体的叙事阐明这一实践历程，从而以可解释、可理解的叙事内容、结构和话语，揭示隐含其间的历史、实践和理论三重逻辑。用故事吸引学生、用逻辑说服学生、用思想影响学生。

（三）弘扬与发展：运河文化与思政课的精神交互

运河资源作为一种文化符号，精神要素是其价值内核。作为中华璀璨文化遗产不可或缺的元素，运河文化蕴含着深厚且多元的教育资源。诸如运河的历史遗迹、非物质文化遗产艺术项目，以及它所孕育的诸如爱国、奋斗、奉献、创新、开放和包容等精神特质，均承载了丰富的教育内涵，其与高校思想政治教育有着天然的契合点。将大运河文化融入高校思想政治教育体系中，不仅能够为坚定学生文化自信注入活力，也为教师的专业成长提供了教学素材，同时有助于培养学生的爱国情怀，提升思政课程的教育实效。

运河文化课程资源具有时代性、启发性、丰富性等特性，高校将运河文化融入思政课中不仅与当代需求紧密相连，更应整合跨学科知识，提升这些资源对现实问题的解答能力，推进运河文化课程资源开发的进程，促进运河文化资源在各学科教学中的运用。

二、运河文化融入高校思政课建设的现实困境

随着中国大运河成功申遗，运河文化受到思想政治教育工作者越来越多的关注，运河文化在融入高校思政课的实践过程中也存在着一系列的问题，如部分高校

对运河文化融入思政课建设重视程度不够大，运河文化融入思政课理论和实践教学力度不够，资源统筹层次不高，氛围营造不够浓厚等难题。

（一）运河资源与学生距离之"远"

运河资源具有深厚的历史底蕴，且地理分布广泛，这为其融入高校思政课带来挑战。首先，时间跨度大。自春秋时期的邗沟开凿以来，大运河绵延数千年，贯通海河、黄河、淮河、长江和钱塘江五大流域，对现今大学生而言，运河主要是特定阶段历史的象征，与日常生活关联性较弱，他们对沿岸的历史故事、英雄人物、革命精神和传统文化缺乏足够的关注和兴趣。其次，地域跨度广。大运河途经 35 个城市，导致运河资源与多数大学校园存在实质的空间隔阂，不利于学生亲身接触和体验。最后，认知差距大。运河承载着深厚的历史文化，而"90 后""00 后"是伴随着信息化发展成长起来的"网络原住民"，他们习惯"快餐式阅读"，运河资源对于他们来说精深久远、遥不可及，他们对运河资源具有心理上的疏离感。

（二）运河文化融入高校思政课建设程度之"浅"

思政课是落实立德树人根本任务的关键课程。思政课建设是持续推动高校思想政治工作高质量发展的重要抓手。高校要坚持开放思维，充分运用外界资源、注重实践导向。当前运河文化融入高校思政课建设存在"浅"的问题，主要体现在三个方面。一是融入内容浅。运河文化资源的适用往往是琐碎的，很多教师只能通过观看视频讲解运河故事，难以进行深入的理论阐释、历史剖析和价值观引导，导致运河文化与教学内容间的整合缺乏系统性、连贯性和持久性。二是融入方法浅。当前高校开展运河文化宣传教育的方式主要有主题征文、寒暑假社会实践、志愿服务及知识竞赛等，活动形式单一，缺乏连续性和创新性，迫切需要探索新的教学模式，以增强其吸引力和针对性。三是融入效果浅。学生并未真正理解和接受运河资源中的深刻教育内涵，部分教师对运河文化如何融入思政课堂的评估较为单一，学生参与度不高，评价体系单一，问题设置缺乏深度，育人价值有待商榷。

（三）运河文化融入高校思政课建设要素之"散"

高校思政课是一项系统工程，强调整合资源、汇集师资，教育并引导学生思想行为。当前运河文化融入高校思政课建设仍然陷入"散"的困境。主要体现在以下几方面：一是育人主体"散"。大部分高校并未开设运河文化课程，育人主体较分散，多为专业课教师、思政课教师、辅导员、班主任等。二是育人内容"散"。运河文化涉及交叉学科内容，现阶段未进行系统整合，教师未进行系统培训、集体备课，育人内容浅显，只是简单笼统地讲述陈旧运河故事，不能在鲜活的案例和逻辑演进中阐释运河精神。三是育人机制"散"。运河文化融入高校思政课建设需要协调好运河资源"融进来"和学生"走出去"的关系，这需要严谨周密的教学体系和有效的保障机制。然而，运河文化如何融入高校思政课的具体融合策略、运行模式和评价机制亟待进一步优化和发展。

三、运河文化融入高校思政课建设的实践路径

面对运河文化融入高校思政课建设的现实困境，要实现运河与高校思政课的有效融合与提升，关键在于多维度整合和优化，要不断提升思政教育队伍对运河资源的开发利用能力，要促进教育内涵发展，深度挖掘运河故事；要创新载体方法，技术赋能思政教育；要强化教育合力，全方位增强运河文化在高校思政课中的关联性、针对性、实效性。

（一）主体激活：提升教育队伍对运河资源的开发利用能力

高校思政课需要建立运河文化师资库。在立德树人的根本任务下，教师需深刻理解他们不仅是课堂教学的主导者，更是教育资源的创新发掘者。将运河文化融入思政课堂，首要任务在于革新教师的教学理念，持续提升自身的专业素养，深化对大运河文化的研究，拓宽知识和历史视野，挖掘隐藏的运河教育资源，将其转化为实际可用的教学资源，提升将运河文化融入思政课的能力。

提升教育队伍对运河资源的开发利用能力，关键在于解决三个问题。首先，必须转变观念，重视运河文化的铸魂价值。学校要加强战略规划，提供必要的教学和科研支持，营造浓厚的运河文化教育氛围，让教育主体自觉地珍视和善用运河文化。其次，加强科研驱动，精准定位运河教育资源的教学触点。利用高校思政教育团队的学科优势和整体效能，加大课程开发力度，推动运河文化资源融入教学体系，增强其对教学研究的影响力、课堂生动性和对学生吸引力。最后，完善师资队伍建设，优化人才配置。高校需要采取积极措施建立"大师资"，加强运河学学科队伍建设，组建一支包括全职思政、辅导员、政府人员、非遗传承人和社会群体等多元人才的团队，充分发挥其积极性、主动性、创造性，促进各主体间的沟通交流，在形成一支力量庞大、业务精湛、结构合理的师资队伍的基础上，开展经常性的理论培训、现场观摩、经验交流等活动，营造合力育人、协同育人的良好氛围。

（二）内容挖掘：促进运河文化向思政课教学资源转化

运河资源分布广泛，途径 35 座城市，蕴含着深远的历史价值，对于融入高校思政课教学至关重要。对高校思政课具有重要育人价值，要将运河文化转化为优质的思政课素材性教学资源，需要把握以下几个要点。一是要对运河进行"正确定位"，即在宏观历史视角下，精确理解运河遗产的历史演变、思想内核及其在当代的价值，准确诠释其在中国共产党历史发展中的主线、主旋律和精神特质。二是要

对运河文化进行"精细解读"。通过设定特定标准和教学需求，进行深度的专题研究和脉络梳理，收集并积累多样化的教学素材，使之具体且适用。三是要对运河文化进行"创新解读"。尽管运河遗产源于历史，但我们应与时俱进，根据新的社会环境赋予其新的内涵和新的解读。以浙江省为例，多部门协作，共建了浙江省大运河文化研究院，整合了大运河沿线高校及研究院（所）等各类研究力量，实现了研究触点全覆盖。

（三）技术赋能：创新红色资源融入思政课建设的载体方法

运河文化融入思政课建设需要创新载体方法。随着互联网技术的快速发展，"90后"和"00后"的青少年已经成为网络的主流群体，我们要紧跟时代步伐，充分运用互联网技术和信息化手段，把运河思政课与大数据、虚拟现实、人工智能等现代科技手段深度融合，创造超越时空无障碍的交流互动，拉近运河与学生的距离。首先创新传播载体和外部环境，让运河历史"动"起来。政府部门、教育机构以及文化遗产保护机构应加快构建智慧思政的大格局，通过数字技术赋能思政教育，将运河资源有效转化为数字化、可视化的生动教学资源，打造在线虚拟运河博物馆、运河资源信息库、多媒体教育资源包等，全方位、立体地展示和传播运河的历史和精神，突破时间和空间的束缚，打破传统展示形式的局限。其次，除了传统的课堂讲授以外，思政课应更侧重于互动、体验和情境教学。通过增强学生的参与度，激发学生学习热情。如部分高校在实践教学环节，尝试"有风景的思政课"，鼓励师生根据结合重大事件、时间节点实地参观运河博物馆、运河遗迹和水利工程等，开展实地教学，打通高校思政课堂与社会大课堂的隔阂，推进高校思政课与青年大学生、运河精神同频共振。

（四）立体联动：强化运河文化融入思政课建设的教育合力

高校思政课是面向全体师生的系统工程，注重主体互动、课程协同、资源整合、时空拓展以及成效体现。因此运河文化融入高校思政课建设的关键在于强化协作机制、完善保障机制。首先，加强组织领导，完善工作格局。高校党组织需将运河文化融入高校思政课建设，纳入学校的总体发展规划和学科规划，以此整合各方力量，扩大教育触角，形成一个包括课堂、校园和社区在内的全方位、立体化的思政教育环境。其次，推进统筹协作，倡导共享共赢。高校与运河博物馆、历史遗址应建立紧密的协同机制，共同开发和分享资源，解决资源闲置和教师缺乏相关知识的问题，将运河的特色优势转化为高校思政课的教学优势。各高校间需建立横向合作、资源共享的教育教学模式，共建共享运河故事资源库，形成互惠互利的教育信息网络、多媒体教材等。最后，强化效果评估，驱动持续改进。定期评估是提升思政课教学质量的关键步骤，教育管理部门和高校应将运河元素融入的程度作为评价教学成果和课程建设的标准。运河遗址等管理部门可将运河场馆在思想政治教育中的融合运用纳入博物馆评级、运营评估和绩效考核，通过多元且科学的评估机制，不断推动运河文化对高校思政课的深化和创新。

思想政治理论课是高校落实立德树人根本任务的关键课程，思政课教师承担着教育引导学生明德知耻，树牢社会主义核心价值观，立报国强国大志向，努力成为堪当强国建设、民族复兴大任的栋梁之材的重要使命。运河文化和高校思政课在认知目标、认知养成和认知实践上具有高度的契合性和可融性，二者的融合增强了大学生对社会主义核心价值观的理论认同、情感认同和行为认同，是培养大学生爱国情怀和坚定理想信仰的动力源泉，是推进高校以文化人和以文育人进程的必然选择。运河文化融入高校思政课建设是一项既复杂而又具有挑战性的任务，未来研究领域广阔。我们应坚持理论与实践相结合的原则，遵循"理论深化—现状分析—实践创新"的研究思路，持续寻求运河文化与高校思政课程融合的具体实施路径，为弘扬运河文化及践行社会主义核心价值观贡献力量。